MADELEINE PELLETIER

DOCTEUR EN MÉDECINE

PHILOSOPHIE SOCIALE

LES OPINIONS — LES PARTIS
LES CLASSES

PARIS (V^e)

M. GIARD & E. BRIÈRE

LIBRAIRES-ÉDITEURS

16, RUE SOUFFLOT ET 12, RUE TOULLIER

1912

PHILOSOPHIE SOCIALE

MADELEINE PELLETIER

DOCTEUR EN MÉDECINE

PHILOSOPHIE SOCIALE

LES OPINIONS — LES PARTIS
LES CLASSES

PARIS (V^e)

M. GIARD ET. BRIÈRE

LIBRAIRES-ÉDITEURS

16, RUE SOUFFLOT ET 12, RUE TOULLIER

1912

PHILOSOPHIE SOCIALE

CHAPITRE PREMIER

COMMENT SE FORMENT NOS OPINIONS

Dans les pays civilisés tel que l'Europe contemporaine, on peut dire que très peu de jugements sont dus à l'activité originale de l'esprit individuel s'exerçant sur le monde extérieur. Nos opinions nous sont presque toujours données toutes faites par ceux qui sont nés avant nous ; et, pendant les premières années de la vie tout au moins, nous les acceptons sans contrôle.

Dès que notre esprit s'éveille à la compréhension, dès que nous possédons un vocabulaire et qu'en même temps nous sommes déjà capables de reconnaître quelques objets, l'éducation de nos parents et des grandes personnes de notre entourage intervient. On dépose dans notre esprit un très grand nombre de jugements sur toute espèce de sujets.

Plus tard les maîtres apparaissent et agissent de même, de telle sorte que, de notre naissance à l'âge adulte, la génération précédente nous donne un aperçu plus ou moins étendu de toutes les opinions que l'humanité s'est formée des choses et d'elle-même, depuis le temps où elle s'est trouvée capable de transmettre sa pensée jusqu'à nos jours.

Toutes ces opinions, bien entendu, ne nous sont pas données comme vraies, car sur les jugements du passé la génération présente porte des jugements à son tour ; de plus, outre le passé nos éducateurs jugent aussi le présent, et, s'étant fait de l'un et de l'autre un système d'opinions, ils nous l'enseignent.

Naturellement les opinions enseignées varient selon le temps, le pays, la caste et, dans la caste, selon l'entourage formé des parents, des amis, des éducateurs, des domestiques et des fréquentations habituelles de la famille.

L'éducation des maîtres nous porte vers le grand et l'exceptionnel que nous ferions volontiers nôtre si les maîtres et surtout les livres étaient seuls. L'éducateur nous transmet, par toutes les connaissances qu'il dépose en nous, comme l'esprit d'un très grand homme qui serait à la fois philosophe, savant, écrivain, dramaturge, homme politique, guerrier, etc., etc. ; et des anecdotes souvent embellies par la légende proposent à notre admiration et à notre imitation sa haute intelligence, son grand savoir, sa volonté puissante. Cependant, à travers la personnalité de notre maître qui n'est qu'un homme moyen, le surhomme du passé s'estompe et l'enfant comprend que ce n'est qu'un brillant fantôme qui n'a pas de réalité en dehors de ses livres d'écolier.

Dans son milieu familial et social, l'enfant reçoit un ensemble d'opinions qui donne au problème de la vie une solution plus commune. Plus commune encore que la solution déduite des formules, est celle que le forcent d'adopter les actes accomplis chaque jour sous ses yeux. C'est cette dernière que l'enfant sent être la vraie, celle qui, seule, devra guider son action ; les autres ne devant pas sortir de leur domaine qui est le rêve.

Comme bien on pense, toutes les opinions préconisées ou pratiquées ne constituent pas un système homogène ; la plupart même se contredisent diamétralement entre elles. L'enfant cependant les accepte toutes, car les lois de la logique ne gouvernent pas la totalité de l'esprit humain ; elles ne valent que pour la très petite portion de l'idéation dans laquelle intervient l'analyse.

Que deviendront donc toutes ces opinions hétéroclites ? Elles vont se hiérarchiser dans l'esprit de l'enfant selon l'utilité, la fréquence, la clarté, allant

de la compréhension claire et de l'apparition presque constante à l'état vague et à l'oubli plus ou
moins définitif.

Lorsque l'enfant est d'intelligence supérieure, ou
moyenne, les opinions concernant les choses de la
vie familière s'organisent vite dans son esprit. Il les
a reçues, au reste, tout autant par l'expérience personnelle que par l'enseignement des grandes personnes. L'enfant a vite constaté par lui-même que
le feu brûle, que les vêtements de laine tiennent
plus chaud que ceux de toile, qu'il faut regarder
autour de soi avant de traverser une chaussée où il
passe habituellement beaucoup de voitures. Toutes
simples que soient ces « opinions » de vérification
facile, elles surpassent déjà l'esprit des enfants très
inférieurs, comme les idiots et les imbéciles. Chez
ces derniers, quand encore ils ont assez d'intelligence pour pouvoir être éduqués, de telles notions
exigent, pour être acquises, le même travail qu'exigent pour les enfants normaux et supérieurs les
notions complexes sur les sujets généraux ; comme
ces dernières, elles restent même parfois verbales,
telles que les maîtres les ont données ; l'esprit rudi-
mentaire du petit dégénéré ne leur a fait subir aucune transformation. Interrogés, les enfants répondront bien que les vêtements de laine sont plus
chauds que ceux de toile, mais livrés à eux-mêmes,
ils s'habilleraient fort bien de toile en hiver et de

laine en été. Ils appliquent bien les mots aux choses, mais le rapport, tout simple qu'il soit, reste incompris de leur trop faible intelligence.

Pour l'enfant supérieur, élevé dans un milieu cultivé, ces opinions concernant les opérations courantes de la vie s'organisent si profondément qu'elles quittent pour ainsi dire le champ de la conscience pour passer à l'état de ces demi-instincts que l'on accomplit d'une manière presque automatique. Mais chez les personnes peu cultivées et inférieures, la conscience claire en est remplie, non seulement durant l'enfance, mais même à l'âge adulte. Combien de gens dont toute la conversation roule sur l'heure à laquelle ils se sont levés, le linge et les vêtements qu'ils ont revêtus, ce qu'ils ont mangé, etc.

Outre les actes qu'il répète tous les jours, l'enfant reçoit une foule de faits et de notions et, lorsqu'il est intelligent, ces éléments ne restent pas inactifs dans son esprit ; ils s'élucident et s'organisent. La raison entrant en activité, il forme de ces syllogismes qui ne sont que des associations par contiguïté.

« Maman, les petits bateaux ont-ils des jambes ? »

Ce qui marche : moi, les enfants, les grandes personnes, les chiens, les chats, les chevaux, etc., ce qui marche a des jambes.

Les bateaux marchent... Donc les bateaux doivent

avoir des jambes, et si je ne les vois pas, c'est que sans doute elles sont cachées sous l'eau.

Si l'enfant analysait davantage, il verrait qu'il fait erreur. Non, tout ce qui se meut n'a pas de jambes ; ainsi les chenilles et les vers qui rampent, les voitures qui roulent, les oiseaux qui volent, le ballon que l'on lance pour jouer. Mais les raisonnements de l'enfant sont spontanés ; les nécessités de la vie ne le forcent pas encore de contraindre son esprit à des efforts pénibles ; aussi les faits les plus fréquemment vus suggèrent-ils tout de suite la conclusion.

Du moment que les bateaux marchent, c'est qu'ils ont des jambes.

L'esprit enfantin est, lorsque le sujet est intelligent, débordant d'activité. Tout est nouveau lorsqu'on naît à la vie ; les objets les plus familiers frappent l'esprit et donnent sujet à réflexions ; de là les incessants « pourquoi » de l'enfant, chétif de corps, les rues, les maisons, les chambres lui apparaissent très grandes. Les planches des meubles qu'il ne peut atteindre, même en se haussant, lui semblent supporter des objets mystérieux, les meubles fermés à clef suscitent sa curiosité. La vie des grandes personnes lui apparaît comme remplie de choses très intéressantes qu'elles se refusent à leur révéler ; aussi aspirent-ils grandir pour les connaître.

Les opinions que se forment les enfants d'après le seul travail de leur esprit sont presque toujours fausses; leur logique est exacte, mais, comme leur information est très pauvre, ne concluant que sur ce qu'ils savent, ils n'arrivent pas à la vérité.

Mais nous l'avons dit, le travail original entre pour peu de chose dans la constitution de nos opinions qui, sur tous les sujets, nous arrivent toutes faites des grandes personnes. Les grandes personnes sont aisément crues sur parole, car elles exercent sur l'enfant un très grand prestige. Se rendant compte de sa faiblesse, il sait que c'est grâce à elles qu'il mange à sa faim, qu'il est vêtu, abrité, protégé dans le danger. Il voit, en outre, que ce sont elles qui ont, de leurs forces, édifié le monde qui par suite leur appartient, lui-même ne possédant rien que ce qu'on veut bien lui donner.

De tout son être, l'enfant aspire à être grand pour être libre de faire ce qu'il veut, pour posséder, pour être considéré à son tour. Aussi se fait-il gloire de répéter les propos des grandes personnes; il épouse de confiance toutes leurs opinions, même alors qu'il ne les comprend pas. Les jeux des enfants sont pour la plupart de petites pièces de théâtre, reproduisant un épisode de la vie des adultes; la petite fille joue à la maîtresse de maison qui fait les honneurs de son salon, à la mère, à la marchande, à la maîtresse d'école ; le petit garçon joue à la guerre, au voleur, au juge, etc..,

C'est naturellement de la famille que nous viennent la plus grande part de nos opinions. Nous les recevons de confiance sans raisonner, grâce au prestige qu'exercent nos parents ; eux-mêmes, d'ailleurs, ne les ont guère raisonnées non plus ; aussi nous les présentent-ils comme des axiomes incontestables.

Les matières de l'enseignement des maîtres comportent également une foule d'opinions qui sont présentées à notre esprit. La croyance que nous y donnons est moins entière que celle donnée aux opinions familiales, l'école étant, nous l'avons dit, le domaine du rêve par opposition à la famille qui est le domaine de la vie pratique.

Pour les classes cultivées, l'école conduisant aux examens qui ouvrent les carrières libérales est aussi chose de la pratique ; mais son rapport avec la vie est conventionnel.

On a les connaissances et les opinions pour l'examen, voire pour la profession à exercer ; elles ne touchent pas la vie personnelle.

Aussi, durant toute leur jeunesse, la plupart des hommes ne sont-ils guère que les simples reflets de leur famille et de leur entourage. L'enfant de parents religieux est religieux ; l'enfant de parents athées est athée ; mais ces opinions sont comme dé-

posées à la surface de son esprit, il se les formule,
d'un ton psittacique, comme s'il récitait une leçon
récemment apprise. Plus tard, il y mettra le ton de
la conviction, car il les aura faites siennes ; mais
elles n'en seront pas plus réfléchies pour cela, elles
auront seulement vieilli.

Dans leurs articles et dans leurs discours, les politiques d'opinions avancées reprochent de temps à
autre à la jeunesse des écoles d'avoir dégénéré. Les
étudiants de 1830, disent-ils, étaient avec la Révolution, des polytechniciens conduisaient les émeutes;
aujourd'hui le Quartier Latin est réactionnaire. Ils
ne se rendent pas compte que les étudiants de la
Restauration n'avaient aucun mérite à être dans
l'opposition ; ils ne faisaient pas autre chose que
de mettre leur jeunesse turbulente au service des
idées de leurs parents, les bourgeois que le régime
ne satisfaisait pas parce que la noblesse y prenait
encore une trop grande place. Aujourd'hui que la
bourgeoisie tient le haut du pavé, elle est pour le
gouvernement et contre le prolétariat qui veut lui
aussi arriver ; et les jeunes bourgeois des écoles
sont gouvernementaux comme leurs parents.

Car dans le bourgeoisie, l'opinion, nous le ver-
rons dans un chapitre ultérieur, est intimement liée
à l'intérêt personnel et matériel. L'enfant ouvrier
répète les idées de ses parents, mais d'une manière
toute naturelle et instinctive. Il ne vit pas des idées

générales, aussi ne sont-elles pour lui qu'un jeu de l'esprit qui ne tire pas à conséquence. Il croit en Dieu comme ses parents, mais vienne un athée avec lequel il se lie d'amitié, il deviendra athée lui aussi, sans plus de conviction.

Pour l'enfant bourgeois, au contraire, les idées ont la plus haute importance. Elles font partie de l'héritage des parents au même titre que l'argent, les biens, le mobilier, les relations. Elles font la discipline de la famille et l'enfant s'y soumet, sentant bien que par la famille il aura tout et sans elle rien.

C'est par la famille qu'il est bien vêtu, bien logé, traité avec respect par les grandes personnes de la classe inférieure qui le fréquentent à titre d'ouvriers et de domestiques. Sans sa famille, il serait comme ces enfants couverts de haillons, qui cherchent leur vie dans le ruisseau, mangeant ce que les autres jettent, méprisés et maltraités par tout le monde. Aussi est-il fier des opinions qu'on lui transmet ; il les porte comme ses vêtements élégamment taillés, comme sa montre d'or ; elles sont la marque distinctive de sa classe.

Parfois la logique prend le dessus ; inexpérimenté encore, devinant mal, à travers les conventions du langage, le fondement réel des opinions, l'adolescent se prend à raisonner et, pour peu que le hasard des rencontres l'ait mis en contact avec une personne d'opinion opposée, il discute et fait part de ses doutes. Alors les parents ripostent avec les arguments de sentiment, les plus puissants de tous. Ils montrent tout leur mépris pour les objections nouvelles de l'enfant : « Où as-tu ramassé cela ? » disent-ils, comme s'il s'agissait d'une chose malpropre. « ...Qui a pu te tenir de pareils propos? Quelqu'un de mal élevé sans doute... Il n'y a que les voyous qui pensent comme toi... Les idées que nous professons et que nous te transmettons sont celles des gens comme il faut. » Et, docile, l'enfant se soumet, craignant de devenir un déclassé, comme tous ceux dont on lui a montré avec un luxe de détails l'exemple à ne pas suivre (1).

Exercée sur un adulte d'esprit actif, cette pression n'aboutirait à rien de plus qu'à entraîner une adhésion hypocrite. L'homme garderait en son for intérieur les idées dont il aurait découvert la vérité, et il parlerait comme l'exigent ceux qui ont la force. Mais l'enfant a sucé, comme l'on dit, avec le lait les opinions de ses parents; il les entendait soutenir avant même qu'il puisse les comprendre. Aussi tout : habitude, désir de faire plaisir, intérêts déjà sentis, concourt à les renforcer ; elles s'établissent si bien qu'elles en viennent à orienter l'esprit, alors la logique n'intervient plus que pour les défendre.

L'adolescence terminée, il arrive parfois que le jeune homme, obligé de demander le soutien de

(1) Voir Paul Adam: *L'Enfant d'Austerlitz*

sa vie à un monde différent de celui où il a été élevé, a intérêt à changer d'opinion ; il le fait alors et s'adapte. Ainsi, à l'Université de Paris, le nombre des jeunes gens religieux est très grand. La majorité sort du lycée, mais un bon nombre viennent des institutions congréganistes. Aussi le professeur de sciences naturelles est-il fort mal accueilli lorsqu'il arrive à la théorie darwinienne qu'il a ordre de soutenir. Au contact de leurs camarades républicains et athées, beaucoup d'étudiants religieux tiédissent, la religion n'a pas la logique pour elle et puis la nature humaine n'est pas brave, on n'aime pas à se trouver avec la minorité ; si le jeune homme vise à être fonctionnaire, alors il fait une entière volte-face et vitupère avec une belle énergie ce qu'il avait adoré.

Au cours de mes études médicales, alors que j'étais interne des maladies mentales, on discutait souvent religion et politique au repas. En général, les opinions réactionnaires dominaient ; les cléricaux avoués qui allaient à la messe et se confessaient étaient le petit nombre, mais presque tout le monde, sans croyances bien nettes, montrait de la bienveillance pour la religion.

Tous étaient anti-socialistes, et c'est tout juste s'ils étaient républicains ; Combes et Waldeck-Rousseau leur apparaissaient comme d'abominables révolutionnaires. Lorsque je les revis, quelques années plus tard, fonctionnaires en province, quel ne fut pas mon étonnement de les retrouver membres actifs de la loge maçonnique du lieu et anti-cléricaux forcenés ; ils s'étaient adaptés à leur nouveau milieu.

On aurait tort de croire à un dualisme clair entre la personnalité ancienne de l'adapté et celle qu'il a revêtue pour répondre aux circonstances. L'intérêt dominant tout, les anciennes conceptions ont vite fait de s'atrophier, tel un organe qui n'a plus son usage. Comme on ne réfléchit pas beaucoup, on finit par oublier peu à peu ses opinions anciennes et lorsqu'elles se ravivent en l'esprit, c'est seulement à la façon des souvenirs : « Je pensais cela autrefois, dit-on, maintenant mes idées sont autres. » Et on est sincère.

Les crises violentes de doute telles que les ont décrites Renan (1), Jules Simon et bien d'autres, sont des raretés ; le commun des hommes ne connaît rien de pareil et il est même permis de croire que les écrivains ont dû dramatiser leurs impressions afin de poser un peu devant le public ; c'est si humain ! Il ne faut pas oublier non plus que les changements d'opinion qu'on nous donne comme accompagnés de souffrances ont toujours porté sur la religion. C'est en passant de la foi religieuse à l'athéisme que certains hommes ont éprouvé de l'angoisse ; et cela s'explique fort aisément si l'on songe qu'en perdant

(1) RENAN : *Souvenirs d'Enfance et de Jeunesse.*

la foi, c'est l'espoir en une vie future que l'on aban-
donne. Avant, on pensait qu'un être supérieur prési-
dait à notre destinée, qu'il voyait avec plaisir nos
efforts et nous en réservait la récompense; on
croyait que la mort n'était que le passage à une vie
meilleure. Avec la foi il faut abandonner ces ré-
conforts, se résigner à disparaître un jour tout
entier, vivre avec la triste certitude que la raison
des choses n'est pas ailleurs qu'en nous-mêmes.
Pour peu qu'il s'agisse d'un homme supérieurement
doué quant à l'intelligence et à la sensibilité, on
comprend que de telles désillusions provoquent une
crise morale.

Mais dans les choses purement humaines, rien de
semblable. Pour chacun la meilleure solution au
problème social, c'est celle qui lui fait la plus grande
sa part personnelle; du moment que la part est suffisante, qu'importe le système au nom duquel on la
donne. Monarchie, Empire, République, cléricalisme
ou Franc-maçonnerie, l'individu n'en a cure; il dé-
fendra le régime qui le paye le mieux; pour rester
intransigeant il faut mettre à son opinion de l'amour-
propre, et c'est seulement le fait de quelques hommes
clairsemés.

Mais l'intérêt ne domine pas seulement l'opinion
des hommes de second ordre qui n'ont jamais eu
d'idées originales et n'ont fait que donner leur
adhésion à des thèses imaginées par d'autres, les

fondateurs de systèmes eux-mêmes sont guidés par
des considérations d'intérêt, soit quant à leur individu, soit quant à leur classe ; à tel point qu'on
peut trouver une raison de politique au système le
plus abstrait de philosophie, à la plus complexe
théorie scientifique. Seules les sciences exactes
telles que les mathématiques, la physique, la chimie sont détachées des contingences sociales et encore pas toujours.

La morale kantienne de l'impératif catégorique
ne vise à autre chose qu'à défendre la propriété
contre les sans-propriété. Le xviiie siècle semblait
avoir abattu définitivement la foi ; plus de Dieu,
plus de récompénses et de châtiments éternels ;
comment maintenir dans la soumission et dans la
résignation ceux que la naissance n'a pas favorisés ?
Il y a bien la contrainte sociale ; le gendarme, la
prison, l'échafaud ; mais elle ne suffit pas toujours ;
il est des gens qu'elle ne retient pas parce qu'ils
espèrent lui échapper, et que retiendrait une contrainte morale; cette contrainte, il fallait donc
absolument la trouver. Aussi le philosophe Kant,
bourgeois et protestant, inventa-t-il l'impératif catégorique, ordre impérieux parti de notre âme,
nous enjoignant de respecter les avantages des
autres alors même que nous avons pouvoir de les
leur enlever. Certes Kant savait bien que sa morale
était trop abstruse pour pouvoir faire la loi au po-

pulaire, le plus à craindre puisque le plus mal partagé ; mais en imprégnant les classes supérieures, les classés inférieures étaient atteintes par ricochet. On pouvait proclamer que malgré qu'il n'y eut plus ni ciel ni enfer, il y avait toujours un bien et un mal, et leur origine, mystérieusement cachée dans la profondeur obscure du noumène ne leur donnait que plus de prestige.

Les préoccupations politiques et sociales éclatent lumineuses dans la philosophie de Victor Cousin. Porté aux honneurs par la deuxième Restauration, professeur de Faculté, ministre de l'Instruction publique, il se fit l'homme du gouvernement et de la bourgeoisie cultivée qui s'établissait de plus en plus au pouvoir. Les Jésuites étaient puissants et tout acquis à la noblesse ; il fallait donc les combattre et c'est contre eux que le philosophe du vrai, du beau et du bien dressa l'Université.

Mais cette Université, il ne fallait pas non plus qu'elle versât dans le matérialisme en philosophie, dans l'utilitarisme en morale ; car si la bourgeoisie de 1835 n'était pas cléricale, elle craignait tout de l'athéisme qui, laissant le peuple sans frein spirituel, pouvait, pensait-elle, déchaîner la révolution. Les idéologues avaient leur raison d'être dans les dernières années du siècle précédent, alors que la bourgeoisie n'avait pas encore achevé sa victoire contre la puissance théocratico-nobiliaire. Napo-

léon les supporta tout juste, n'osant trop vite reve-
nir à la réaction, mais il ne leur ménageait pas ses
sarcasmes. La Restauration avait pour tâche de les
abattre tout à fait ; c'est ce que Roger-Collard entreprit et ce que Victor Cousin paracheva de main
de maître. Certes, l'Université n'était pas cléricale,
puisqu'elle était la puissance rivale de l'Eglise ; la
liberté de pensée était le drapeau que timidement
elle laissait entrevoir sans oser le déployer ; mais elle
restait spiritualiste. Au fond, la philosophie de Kant,
qu'elle avait adoptée et qu'elle enseigna jusqu'à ces
dernières années, était une philosophie athée. Dieu
était relégué dans l'inconnaissable ; mais cet inconnaissable, le noumène s'imposait quand même
comme une réalité. Et puis, et surtout, il y avait ce
fameux *Devoir* qui faisait l'objet de la raison pra-
·tique, devoir bardé de fer, contre lequel les puissances du socialisme niveleur n'auraient su prévaloir. C'en était fait, la bourgeoisie était armée.
  Combattue à droite par les puissances de la réac-
·tion cléricale, l'Université avait aussi à sa gauche
des gens qui trouvaient qu'elle n'allait pas assez loin :
Michelet, adversaire violent du cléricalisme, écri-
vant *Le Prêtre, la Femme et la Famille*, vrai pam-
·phlet ; Jules Simon, disciple et ennemi de Victor
Cousin, son Maître. Ces enfants terribles de la
bourgeoisie avaient leur utilité ; ils maintenaient
l'Université dans son rôle de puissance libérale,

l'empêchant de trop se laisser intimider par l'ultra-
montanisme jésuite.

Lorsque le transformisme nous revint d'Angleterre, l'Université lui fit une opposition violente.
Avec sa théorie de l'origine simienne de l'homme,
il infirmait par trop le christianisme que déjà la
bourgeoisie, sentant ses positions devenir plus
stables, ne repoussait plus autant. Les naturalistes
officiels condamnaient le transformisme avec une
passion rappelant la politique ; on le traitait comme
une opinion révolutionnaire, que seuls pouvaient
soutenir des savants de contre-bande. Et de même
que les partis politiques faibles attirent les méconnus, ceux qui n'ont pu trouver leur place autour du
pouvoir, le transformisme attirait les savants à petits diplômes, ceux qui par défaut de mérite ou par
manque de naissance et d'argent ne pouvaient pré-
tendre aux chaires universitaires.

D'ordinaire on s'explique l'opposition que les
corps savants font aux théories nouvelles par le mi-
sonéisme, paresse naturelle de l'esprit humain devant l'effort à faire pour examiner. Certes, le miso-
néisme est loin d'être sans influence, mais s'il était
le seul facteur, la bataille serait aussi violente sur
le terrain de la physique et de la chimie que sur celui des sciences humaines, et il est loin d'en être
ainsi. Dès qu'il s'agit des sciences naturelles et
plus encore des sciences morales, la bataille se pas-

sionne ; c'est que les intérêts matériels entrent en jeu.

Huxley cependant, et d'autres savants étrangers de respectable envergure, avaient fait acquérir droit de cité au transformisme ; et, bon gré mal gré, l'Université de France dût l'adopter ; elle fit preuve, à cet égard, d'une timidité vraiment comique. Pendant des années, elle se restreignit à l'étude des animaux inférieurs et ignora volontairement les mammifères et l'homme ; on aurait pû croire que les invertébrés formaient à eux seuls le règne animal, ce qui fit dire à un frondeur du temps, le professeur Giard je crois, que ses collègues ne s'occupaient que des petites bêtes parce qu'ils avaient peur des grosses. Tant en effet qu'il ne s'agissait que de cœlentérés et de vers, la Sorbonne pensait que le transformisme pouvait encore à la rigueur passer, mais découvrir dans les faits de l'anatomie comparée l'ancestralité animale de l'homme, il n'y fallait pas songer ; car alors c'en aurait été fait de la morale, la Société tout entière eut chancelé sur ses bases.

Cependant la République, vieille déjà, semblait vouloir durer, les hommes des classes dirigeantes, qui en tiraient profit, préféraient somme toute lui rester fidèles que de courir derrière les cléricaux après une restauration problématique. A la réflexion, on découvrit que le transformisme, sub-

versif de la religion chrétienne, ne l'était pas de
l'autorité bourgeoise, bien au contraire. Les théories de la lutte pour l'existence, de la persistance du
plus apte avec la disparition du faible, ne donnaient-
elles pas une consécration scientifique à l'indivi-
dualisme capitaliste? L'égalité, au nom de laquelle
les ancêtres avaient conquis le pouvoir et la richesse, les descendants pourvus, qui n'avaient plus
besoin d'elle se faisaient un triomphe de la démolir,
histoire naturelle en mains; la vérité, ce n'était
plus l'égalité, mais l'inégalité, la subordination des
faibles aux forts. La charité, la pitié pour les
pauvres tombaient au rang méprisable d'une sensi-
b'erie ridicule; il était juste que le fort triomphe,
que le faible gémisse, souffre et meure, car à cette
condition seule l'humanité pouvait progresser.

A qui réfléchit, il est facile de se rendre compte
que le mieux adapté, le plus fort, celui dont la personne et la descendance sont les plus capables de
faire évoluer l'espèce, n'est pas toujours, tant s'en
faut, le plus riche. Par l'hérédité de la fortune et
du pouvoir, l'ordre actuel des choses entrave au
contraire le libre jeu des lois darwiniennes, il empêche le fort de triompher. Mais la bourgeoisie
n'avait pas besoin d'aller aussi loin; il lui suffisait
d'affirmer que du moment qu'elle détenait le haut
du pavé, c'est qu'elle était nécessairement la plus
digne.

Voyant que la bourgeoisie pouvait se passer d'elle, la religion capitula ; elle qui dans les siècles passés avait proclamé que la philosophie n'était que sa servante (*ancilla theologiæ*), s'appliqua à adapter ses vieux dogmes aux conceptions nouvelles de cette servante devenue maîtresse par la toute-puissance des intérêts économiques. Les six jours de la création bliblique devinrent six époques géologiques et la descendance animale de l'homme raconta la gloire de Dieu.

Mais si les classes dirigeantes aimaient à se complaire dans le transformisme et dans la morale de la force, elles sentaient que pour en insulter aux classes pauvres, son pouvoir n'était pas d'une suffisante solidité. Avec le suffrage universel, la presse libre et les organisations ouvrières naissantes, le peuple commençait à devenir une puissance, et il aurait été maladroit aux riches de lui dire en face qu'il ne méritait que d'être exploité et opprimé. L'affaire Dreyfus alors survint, qui mit la bourgeoisie libérale tout près de sa perte ; pour se sauver elle eut besoin du peuple ; aussi se hâta-t-elle d'abandonner Darwin pour sortir à nouveau la justice et l'équité de 1793 qui, revêtues des oripeaux de la sociologie moderne, devinrent la Solidarité Sociale. Pour flatter le populaire, on magnifia les professions manuelles ; à entendre la bourgeoisie d'alors, le maçon avec sa truelle pouvait, en vertu

de l'interdépéndance des fonctions sociales, faire la
loi au riche propriétaire qui sans lui coucherait à la
belle étoile. Dans sa masse, le peuple resta indifférent; il ne comprenait pas; mais l'élite de la classe
ouvrière comprit et, gagnée, elle se jeta dans les
bras de la bourgeoisie républicaine qui, avec tant
de bonne foi semblait-il, faisait amende honorable
de ses fautes passées, et elle l'aida à triompher
de la réaction nationaliste.

Naturellement, le danger une fois écarté, la Solidarité Sociale fut reléguée au rang des outils hors
d'usage et la politique de l'heure présente hésitant,
la philosophie hésite comme elle sans savoir au
juste où il lui faut aller. La religion essaie de ré-
conquérir son pouvoir ; peu de vérités étant défini-
tives, même en science, des psychologues comme
William James tentent aujourd'hui de baser la re-
ligiosité sur l'expérience psychologique ; le mathé-
maticien Poincaré combat le système de Copernic
qui semblait cependant, de par la nature même des
lois mathématiques, devoir défier le temps. Mais la
masse du populaire n'est pas impressionnée par ces
doutes ; le ciel, l'enfer. Dieu sont trop improbables ;
elle n'y croit plus et n'y croira vraisemblablement
plus jamais ; le Kantisme, trop protestant, trop ri-
goriste, ne saurait non plus convenir ; d'ailleurs, il
gênerait la bourgeoisie elle-même dans son appétit
de jouissance. Les classes élevées prennent donc

leur parti de laisser le peuple sans direction morale, se disant comme Louis XV qu'après tout cela durera toujours autant que la génération présente.

Aussi, laissant de côté toute diplomatie, la bourgeoisie d'aujourd'hui jette pour ainsi dire le masque. Elle avoue sa course au bien-être, au luxe, à l'argent qui assure la vie heureuse. Aux classes pauvres qui lui parlent de justice, elle répond qu'elle tient à garder pour elle ce qu'elle possède et n'a cure de la pénurie du voisin.

Dans cette bataille enfin avouée des classes pour les intérêts matériels, la classe pauvre a pour elle, le nombre, mais elle a contre elle son ignorance, son infériorité intellectuelle et morale ; c'est ce qui fait que jusqu'ici, c'est la bourgeoisie qui a triomphé.

Nous ne nous dissimulons pas ce qu'a de décevant notre conception de la genèse de nos opinions, car partout, dans la politique comme dans la religion, dans la philosophie comme dans les sciences exactes même, apparaît l'intérêt matériel comme unique moteur.

On savait déjà que notre raison est faible, que la vérité dans sa complexité la dépasse trop pour qu'elle puisse l'atteindre, et nous voyons que non seulement elle est caduque, mais qu'elle n'est même pas sincère ; derrière la recherche du philosophe et du savant, derrière l'enthousiasme du révolutionnaire, il n'y a que la lutte des individus les uns contre les autres pour l'argent. Sublimes exemples d'héroïsme dont on a bercé notre jeunesse, savants pâlis dans la recherche, héros tombés pour la Patrie, politiques morts pour leurs idées : bellevisées! Rien n'est au monde que l'intérêt et tout dévouement est duperie.

Qu'y faire? Puisqu'en effet il en est ainsi, faut-il volontairement se rejeter dans l'illusion ? Pourquoi n'être pas religieux alors?

Il est certes des gens qui, comme dit l'Ecriture ne vivent pas seulement de pain ; outre la jouissance matérielle, il leur faut un idéal ; ils cherchent un être plus grand qu'eux, homme ou idée, qui donne une raison à leur vie ; s'ils le trouvent, tant mieux pour eux, ils auront le bonheur, cette récompense des simples. Quant à ceux qui réfléchissent, tout n'est pas non plus nécessairement désespéré dans leur cas. La ressource leur reste de faire ce que faisait Pascal pour croire, de s'abêtir. En s'abêtissant, la foi politique et la foi philosophique viennent tout aussi bien que la foi religieuse. On adopte une opinion, on la sert et, l'entraînement de l'ambiance aidant, on finit par se persuader suffisamment qu'elle mérite d'être servie.

CHAPITRE II

LE GRAND HOMME

L'adage *Nihil est ingenium sine aliqua stultitia*
remonte à l'antiquité, mais dans l'esprit de nos
pères il signifiait simplement que les hommes de
génie, n'étant pas des dieux mais des hommes, ne
sont pas sublimes à tous les instants de leur vie. On
savait que de temps à autre il leur arrive de penser
et d'agir dans des conditions qui nuisent à leur
haute personnalité, et les ravalent parfois même au-
dessous de la moyenne de leurs semblables. Ainsi,
pour les Anciens, les hommes de génie étaient des
individualités supérieures présentant des faiblesses.
Avec la psychologie moderne on est allé beaucoup
plus loin : c'est le génie en soi qui est devenu une
faiblesse ; plus même qu'une faiblesse, une tare dé-
générative.

Au début de son livre sur *L'Homme de génie*,
Lombroso s'excuse de venir, avec le scapel du médecin, appliquer une froide analyse à la seule idole

devant laquelle « il est permis de plier le genou sans honte. » « Mais, dit-il, les droits de la science ne comportent pas de restriction, et dussions-nous souffrir de la vérité notre devoir est de lui sacrifier admiration et croyances. »

Ayant donc ainsi, comme disent les protestants, « libéré sa conscience », le Psychologue Italien fouille la biographie de tous les hommes qui, depuis l'Antiquité ljusqu'à nos jours, se sont plus ou moins illustrés dans un ordre quelconque. Il note la longévité des uns, la mort prématurée des autres. La plupart, constate-t-il, n'ont eu que pas ou peu d'enfants, certains avaient des habitudes bizarres ; enfin l'observation montre que des hommes de génie ont été atteints d'épilepsie et même d'aliénation mentale. La conclusion de M. Lombroso est que le génie, loin d'être une supériorité, constitue un état pathologique, une tare mentale voisine de l'épilepsie et de la folie.

Malgré les critiques dont elle a été l'objet, on peut dire que la théorie lombrosienne a obtenu aujourd'hui droit de cité dans le public des médecins et des psychologues. Cela du reste était à prévoir. Malgré l'étonnement qu'elle a provoqué tout d'abord, l'idée de Lombroso n'était pas, en effet, absolument nouvelle. Déjà, en 1836, Lélut avait tenté de prouver dans son *Démon de Socrate* que le philosophe grec avait en toute sa vie des hallucinations auditives, et qu'il était aliéné. Mais le Psychologue Italien a su, en généralisant l'idée et en l'exposant dans une forme paradoxale, attirer l'attention sur elle. Il y a, d'ailleurs, si bien réussi que nombre de travaux ont été publiés depuis dans le même sens, et qu'à l'heure présente, il est bien peu d'aliénistes et de psychologues qui soient, quant à la nature du génie, d'une opinion opposée (1).

La raison de cet enthousiasme doit être cherchée dans la conception matérialiste de l'âme humaine, qui a aujourd'hui à peu près partout, sauf dans les milieux religieux, triomphé de la conception spiritualiste.

Jusqu'à ces derniers temps, les hommes étaient conçus bien plutôt comme des esprits, des intelligences que comme des corps. Très certainement les croyances religieuses devaient avoir présidé à la formation de cette conception, mais les croyances disparues le point de vue était resté. S'agissait-il d'un savant, d'un littérateur, d'un homme politique, on envisageait presque exclusivement son individualité psychique. On admettait, on discutait, on repoussait ses idées. Ceux qui voyaient de plus près le personnage s'intéressaient à lui en tant qu'individu, mais les menus événements de sa vie privée n'attiraient que très secondairement l'attention. On savait certes que Napoléon était petit, que Chopin était tuberculeux,

(1) Voir dans cet ordre d'idées : Binet Sangli, *La Folie de Jésus,*

que Musset était alcoolique, qu'Auguste Comte avait
été aliéné ; mais toutes ces tares ne constituaient que
des attributs peu importants dans la conception que
le public et même les savants se faisaient de ces grands
hommes. Pour tous, Napoléon, Chopin, Musset et
Comte étaient avant tout des ensembles d'idées et d'actions, et quant à leurs particularités somatiques on
y insistait bien parfois à titre de curiosité, parce que
tout est intéressant chez un grand homme, mais,
dans l'esprit de chacun, ces particularités n'avaient
aucune importance.

Avec l'essor pris par les sciences biologiques,
les points de vue se sont modifiés du tout au tout.
La religion avait glorifié l'âme et ravalé la chair ;
la physiologie entreprit de réhabiliter la chair et,
plus ou moins consciemment, poussée par l'instinct
de réaction qui semble bien être une loi de l'esprit
humain, elle ravala l'âme.

Déjà, dans *les Rapports du physique et du moral* de Cabanis, on sent cette tendance à réhabiliter
le corps. Constamment l'illustre médecin est préoccupé de nous bien faire voir que l'homme ne fait
pas que penser mais qu'il digère, élimine, respire et
dort. Compare-t-il l'enfance à la jeunesse, à l'âge
adulte, à la vieillesse, il insiste complaisamment
sur l'état des appareils et la façon dont ils fonc-
tionnent durant ces diverses étapes de la vie.
L'homme, lit-on entre les lignes, n'est pas ce que

que vous vous imaginez, vous qui me lisez ; c'est un
animal composé de muscles, de nerfs et de sang, et
ces muscles, ces nerfs, ce sang, loin d'être en lui
l'accessoire, constituent au contraire la partie la
plus importante, à laquelle l'intellectualité qui vous
intéresse tant est entièrement subordonnée.

Depuis Cabanis, l'importance du corps aux yeux
des psychologues et des médecins n'a fait que s'accroître, à tel point qu'aujourd'hui on peut dire qu'il
occupe la place prépondérante. C'est ainsi que la
psychologie, n'est plus guère qu'une annexe de la
physiologie annexe dans laquelle la respiration,
les contractions cardiaques et les pulsations arté-
rielles ont usurpé complètement la place qu'occupaient, dans l'ancienne psychologie, le mécanisme
du raisonnement et la genèse des idées.

Cette révolution survenue dans la manière d'envisager l'homme a été, comme nous l'avons dit, contemporaine de très grands progrès réalisés dans
toutes les sciences en général et dans les sciences
biologiques en particulier ; il en est résulté que
la conception somatique de l'homme a été considérée comme la seule ayant valeur scientifique.

En science comme dans toutes les autres manifestations de l'esprit humain, les mentalités moyennes
qui font prévaloir les opinions ne sont jamais bien
complexes. La conception intellectuelle de l'homme
ayant été contemporaine de la religion, on en con-

clut que, puisque la seconde avait été démontrée fausse, la première devait l'être aussi. Imbu de l'esprit et de la méthode scientifique, on devait donc envisager l'homme au point de vue purement somatique. Le point de vue intellectuel fut, par suite, rejeté avec le mépris que l'on professait pour la religion, la métaphysique et tous les errements de nos pères. La précision qui est de rigueur en science, on allait l'appliquer à l'étude de l'esprit humain. Armé de la loupe on compulsa donc avec le plus grand sérieux les menus faits de la vie des grands hommes. Très scientifiquement, on nota leurs maladies, la façon dont se font leurs digestions. Avec non moins de précision, on mensura leur corps dans toutes ses parties. Dans l'étude de chacun, les tares physiques, les menus incidents de la vie, qui n'avaient pour l'ancienne école qu'une importance négligeable, acquirent la prééminence, et de l'ensemble des enquêtes multiples, faites soit sur les sujets eux-mêmes, soit pour les disparus d'après les dires de l'entourage, sortit la théorie de la dégénérescence de l'homme supérieur.

Ainsi, tout comme les politiciens, les hommes de science ne peuvent penser que par système ; il leur faut absolument faire bloc sur les questions. Le politicien ne comprend qu'une chose, c'est que n'étant pas de son parti, on doit nécessairement être du parti opposé, et l'on perd son temps à lui

démontrer qu'on s'est formé un système personnel
en groupant les idées justes que l'on a pu trouver
dans tous les camps. De même le psychologue,
fervent sectateur du *parti scientifique*, admit sans
conteste le dogme de la précision. Le malheur est
qu'au lieu d'adapter son esprit aux faits et d'appliquer cette précision là où il faut qu'elle le soit, il
l'applique partout, et naïvement il s'étonne ensuite
de ce que des révélations sensationnelles ne sortent
pas des chiffres que lui fournissent la glissière et le
dynanomètre.

Certes, l'importance du physique et son influence
sur le moral ne sont contestables en aucune façon.
L'homme n'est pas un esprit, il est un corps et
l'intelligence elle-même fait partie de ce corps
puisqu'elle est une fonction du cerveau et varie,
en complexité — tout ce que nous savons le fait
prévoir — avec la complexité de cet organe. Comme
chacun de nos viscères ne constitue pas un tout
isolé, mais a des relations intimes avec tous les
autres, il est très vrai également que l'état des digestions, le fonctionnement du cœur, la taille, la
force musculaire, les maladies influent sur le fonctionnement de l'esprit ; mais il est également vrai
que l'esprit est aussi influencé par les innombrables
facteurs sociologiques (1) et dans la genèse de notre

(1) V. D. MANOUVRIER : Les aptitudes et les actes, *Rev.
Scientifique*, 1884.

personnalité mentale, ce dernier ordre de facteurs
est de beaucoup le plus important. Un psychologue
contemporain, voulant étudier un grand chimiste
contemporain également, nota consciencieusement,
dans l'anmanèse de son talent, le fait qu'il avait
reçu durant son enfance un choc sur la tête. Il est
très possible que les traumatismes crâniens influent sur le cerveau, mais dans les facteurs de la
supériorité intellectuelle l'apport congénital et les
circonstances sociales ont une valeur autrement sé-
rieuse. Ce qui le montrerait, si l'argument valait
qu'on s'y arrêtât, c'est que le nombre est grand
des traumatisés de la tête qui ne sont pas devenus
pour cela des hommes de génie.

Au reste, les travaux de Lombroso et de ses disciples n'ont pas apporté le plus petit élément de
démonstration à la thèse qu'ils soutiennent, à savoir que le génie est une des manifestations de la
dégénérescence. Parmi la masse énorme des faits
qu'ils ont collationnés, il en est qui contredisent
totalement leur système, par exemple, la longévité
des hommes supérieurs. Par essence, la dégénérescence doit être en opposition avec la vie si donc un
homme meurt plus tard que la moyenne, c'est que
nécessairement il est tout le contraire d'un dégénéré.

Mais, répondront les Lombrosistes, si les individus de génie durent, leur race ne dure pas;

l'observation montre que nombre d'entre eux n'ont eu que peu ou pas d'enfants, or l'extinction de l'espèce constitue la marque la plus certaine de la dégénérescence.

Là encore il ne faut pas se contenter d'un examen global, mais voir de plus près les faits.

D'abord il n'a jamais été montré, statistique en mains, que les hommes de génie soient moins prolifiques que les hommes ordinaires. Tout ce qu'on a fait c'est de constater que certaines individualités n'ont pas, en effet, laissé de postérité ; de plus, on a consciencieusement noté que presque toujours il s'agissait de célibataires. Mais l'idée n'est pas venue que le célibat est le plus souvent le résultat de faits sociologiques, et très rarement la conséquence d'une insuffisance génitale.

Les cas d'aliénation mentale survenus chez des hommes de génie ne prouvent pas non plus la théorie en question. Ils montrent simplement que le génie n'est pas plus immunisé contre la folie qu'il ne l'est contre la tuberculose ou le cancer. Lors même que l'on démontrerait, ce qui n'a pas été fait, qu'un certain nombre d'hommes de génie renferme un contingent plus élevé d'aliénés qu'un nombre égal d'hommes ordinaires, on n'aurait pas encore prouvé que le génie et la folie sont parents, mais simplement que, par suite de circonstances multiples dans lesquelles le surmenage cérébral entre probablement pour une grande part, les hommes de génie sont plus que les autres susceptibles de verser dans la folie.

Il serait cependant inexact de soutenir que les psychologues se soient bornés, dans leurs recherches sur les hommes de génie, à un examen somatique. Ils les ont aussi étudiés au point de vue intellectuel et moral, mais dans ce dernier ordre d'investigations, ils ont été d'une infériorité manifeste. Cela montre combien la conception purement somatique de l'homme leur avait rétréci l'esprit à eux-mêmes.

D'abord, la situation totalement opposée qu'occupent vis-à-vis de la critique l'homme de génie et l'homme ordinaire, n'a pas été aperçue par eux. Nombre d'hommes de génie, disent-ils, ont été d'affreux égoïstes, de mauvais époux, des pères indifférents et durs. Dans leurs relations avec leurs amis, ils se sont montrés hautains, despotiques, parfois cruels; constamment préoccupés d'eux-mêmes, les autres n'ont été pour eux que des moyens... Et nos auteurs concluent à un nouveau symptôme de dégénérescence chez les hommes de génie : la folie morale. Ils ont complètement oublié que ces traits peu enviables de caractère appartiennent également à des hommes très moyens quant à l'intelligence. La seule différence qui sépare, à ce point de vue, ceux-ci des hommes supérieurs, c'est que leurs défauts n'arrivent jamais, par suite de l'obscurité de leur personne, à la connaissance du public.

Mais, alors même qu'ils se montreraient inférieurs aux autres hommes dans leurs rapports sociaux, les hommes de génie ne seraient pas nécessairement pour cela des foux moraux. L'homme de génie — lorsqu'il est reconnu pour tel de son vivant — a, dans la société, tout comme le roi ou le prince, une situation unique. Porté au pinacle par l'ambiance, il est assiégé de tous côtés par des admirations tantôt sincères, tantôt naïves, le plus souvent intéressées. Au milieu de la foule des flatteurs, il se sent moralement seul parce que supérieur, et par suite il ne s'abonne complètement à personne. Il ne faut du reste pas oublier que si l'homme de génie n'a que de l'indifférence pour son entourage, l'entourage de son côté, alors même qu'il admire l'homme de génie, conserve souvent au fond de son cœur une haine jalouse. L'homme de génie ne ressemble pas aux autres. Doué d'un cerveau plus actif, il porte partout son intelligence ; là où les autres hommes suivent aveuglément la routine, il réfléchit ; de là les *originalités* que les psychologues lui reprochent tant. Ces originalités font de lui un homme qui, outre sa supériorité, est *différent*, et c'est cela que l'entourage ne lui pardonne pas. La supériorité intellectuelle, à elle seule, l'aurait fait admirer de

l'homme ordinaire, mais la différence dans les manières le fait haïr ; par elle l'homme de génie,
consciemment ou non, se proclame d'essence spéciale, et cela apparaît à l'ambiance comme la
marque du plus monstrueux orgueil. Les habitants
d'Avignon souriaient, paraît-il, d'un air moqueur
au passage d'un espèce d'original ; c'était le grand
John Stuart Mill.

Ce qui est vrai de la moralité l'est également des
menues tares psychiques. Les psycho-physiologistes
ont totalement perdu de vue la situation spéciale
qui met en relief, chez les hommes de génie, les
moindres choses. On relève, a-t-on dit chez eux des
tares mentales telles que obsessions, phobies diverses, manies, etc., mais on oublie que ces tares
sont très fréquentes également chez le commun des
hommes. Un commerçant ou un ouvrier qui présente des scrupules morbides ou des phobies n'en
est pas moins, s'il mène bien son travail ou son
commerce, considéré par son entourage comme un
homme normal. Ses parents et ses amis le plai-
santent parfois ; mais pour le monde il n'y a là que
bizarreries de l'esprit et rien de pathologique. Combien les choses sont différentes lorsqu'il s'agit de
l'homme de génie. Les mêmes tares prennent alors,
aux yeux de tous, une importance énorme : d'autant
plus qu'elles contrastent avec de brillantes qualités. On les publie et, comme la légèreté est tout

au'ant le défaut des psychologues que des autres hommes, on a vite fait de considérer comme la « dure rançon du génie » (1) ce qui n'est que le triste apanage d'un très grand nombre d'individus, quello que soit leur valeur intellectuelle.

Ce qui apparaît surtout, dâns l'analyse psychologique des hommes de génie, c'est qu'ils ont été jugés par des hómmes très inférieurs à eûx. Des psychologues, des médecins éminents parfois, mais qui, fermés aux choses étrangères à leur spécialité, en sont restés quant à celles-ci aux idées de la foule, envisagent d'après ce critère inféricur les grands hommes, et frappés de les voir s'écarter de la conception étroite qu'ils se font de l'esprit humain, ils les déclarent anormaux. C'est ainsi qu'on a pu reprocher à des femmes de génie, telles que Sapho et George Sand, leurs écarts sexuels, à des hommes illustres leurs embarras d'argent. Comme si les individualités supérieures étaient tenues à partager les idées et la conduite du commun des hommes.

En aucune façon nous ne conférons aux grands hommes des droits sur les hommes ordinaires. Le génie ne dispense pas des obligations sociales et lorsqu'un homme illustre cause à autrui un dom-

----

(1) Au fond l'idée que le génie doive se rachcter est une idée religieuse. La croyance d'après laquelle l'homme n'étant sur la terre que pour souffrir il lui faut payer d'une peine les avantages dont il est gratifié.

mage légalement caractérisé, la société doit l'en punir, tout comme un autre. Mais en ce qui cencerne l'orientation de sa vie propre, les originalités du grand homme, non seulement ne devraient pas lui être imputées comme des tares, mais elles devraient au contraire servir à la remise en question de la norme commune elle-même. Car pour que les résultats soient les meilleurs possible il est évident que c'est l'homme moyen qui doit imiter l'homme supérieur, et non l'homme supérieur qui doit ressembler à l'homme moyen.

Si son hypothèse avait pu être démontrée, il est évident que Lombroso aurait eu raison de ne pas hésiter à appliquer au génie la méthode d'analyse qui sert à l'étude de tous les autres faits de la connaissance ; mais nous avons vu qu'avec une analyse plus approfondie, rien ne prouve que le génie soit autre chose que la supériorité intellectuelle et qu'il relève de la pathologie.

Mais la valeur intrinsèque de la théorie étant démontrée nulle, que devient sa valeur extrinsèque, son pouvoir comme idée-force ?

Elle est néfaste.

La conclusion qui s'en dégage, en effet, et les médecins ainsi que les psychologues ne se privent pas de la dégager, c'est la glorification de la médiocrité. « Ne désirons pas le génie, est-il dit quelque part, la nature le fait payer trop cher. Soyons sim-

plement des travailleurs modestes, contentons-nous,
d'apporter à nos travaux la conscience scientifique
et ne recherchons pas les hauteurs qui sont toujours
dangereuses. Les hommes de génie ont été des fous,
Socrate, Jeanne d'Arc, Pascal, Comte, relèvent de
la psychiatrie. Soyons moins brillants et restons des
hommes normaux. »

Ce qu'on oublie c'est que le progrès vient et vient
seulement de ces excentriques qui, à travers toutes
leurs misères, ont réussi à mettre au jour l'idée
bienheureuse, l'acte décisif qui ont promu les sociétés dans des voies nouvelles et plus hautes. Les
hommes de talent, si consciencieux soient-ils, ne
font jamais que donner plus de stabilité à des
notions déjà acquises. Une société qui n'a pas
d'hommes de génie est condamnée par cela même
au *statu quo* et à la mort intellectuelle.

L'homme de génie, d'ailleurs, n'est pas seulement
un fait psychologique, c'est une interférence heureuse de conditions sociologiques ; car, pour être
considéré comme un grand homme, il ne faut pas
seulement être d'intelligence et d'énergie supérieures, mais il faut aussi que les autres le sachent,
c'est-à-dire qu'il faut réussir dans la société.

Or les hommes supérieurs ne réussissent pas
toujours, et ceux qui réussissent ne sont pas toujours des hommes supérieurs.

La psychologie du grand homme ne peut donc

pas être exacte, car on ne peut jamais étudier que l'homme qui réussit.

Cependant, malgré l'immense injustice de l'organisation sociale, on peut dire qu'un certain nombre de ceux que l'humanité classe parmi les hommes de génie sont en effet des individus ¡supérieurs. Car pour être classé grand homme, il faut non seulement réussir, c'est-à-dire gagner de l'argent, avoir des honneurs, occuper une situation élevée, mais encore se faire une notoriété assez grande pour que la masse des contemporains et la postérité n'oublient pas votre nom.

Nombre d'hommes riches, nombre de ministres, de membres de l'Institut des temps passés, sont totalement oubliés aujourd'hui; bien qu'ayant réussi, ils ne sont donc pas considérés comme des grands hommes.

Mais indépendamment de la supériorité mentale et des circonstances sociologiques ordinaires qui font réussir, il y a aussi à la production du grand homme un troisième facteur, c'est l'époque.

Né sous notre Troisième République, Napoléon serait peut-être un général remarquable, voir un premier ministre brillant, encore que cela ne soit pas sûr, mais il ne jouerait certainement pas le rôle immense qu'il a joué grâce à la Révolution qui, ayant tout remis en question, lui a permis de commander à l'Europe. De même, sans la Révo-

lution, Robespierre, Danton, Saint-Just les généraux de l'Empire seraient restés confinés dans une
situation obscure et ignorée.

Aussi peut-on dire que les bouleversements sociaux sont favorables à la production des grands
hommes, puisqu'ils permettent l'éclosion à des personnalités qui, sans cela, ne se fussent pas déve-
loppées, écrasées qu'elles auraient été sous le poids
de la hiérarchie sociale.

En science, l'époque a moins d'importance dans
la production des grands hommes. Cependant on
peut dire que l'accès de la célébrité est plus facile
dans une science qui commence que dans une
science déjà étudiée depuis longtemps. Ainsi,
Broca, survenu au début de l'anthropologie, a attaché définitivement son nom à cette science. Claude
Bernard, survenu à une époque où la physiologie
n'était pas encore très avancée, s'y est taillé une
place que personne après lui n'a encore égalée.

On peut dire cependant que relativement à
l'époque le savant a plus de mérite que le politique,
car dans une certaine mesure il la crée lui-même,
alors que dans le domaine politique il ne fait que
contribuer à la créer, étant donné qu'elle a été
préparée avant et en même temps que lui par un
très grand nombre d'individus. A bien y réfléchir,
nombre de découvertes scientifiques étaient aussi
« dans l'air » lorsque ceux qui y ont attaché leur

nom les ont faites ; c'est le cas d> la gravitation pour Newton, de la philosophie positive pour Auguste Comte ; cependant la part de l'individu est incomparablement plus grande dans la science que dans la politique.

En disant que l'homme de génie a une psychologie spéciale, les auteurs que nous critiquons plus haut n'ont pas eu tort ; leur tort a été de ne pas voir que la psychologie du grand homme, comme celle du criminel ou de tout autre catégorie humaine, est avant tout une psychologie de situation.

L'énumération des défauts que leur reproche l'école lombrosienne suffirait d'ailleurs à le montrer. Ces défauts, eu effet, sont en petit nombre et se répètent à peu près chez tous. Ce sont :

1° L'indifférence pour les mœurs et coutumes de leur entourage ;

2° L'égoïsme et la dureté ;

3° L'orgueil ;

4° L'ennui de la vie, qui serait dû à une tare du système nerveux.

La situation du grand homme fournit une explication très suffisante à son dédain des usages. L'homme ordinaire fait comme tout le monde parce que son besoin de l'approbation d'autrui est primordial. « Que diront les gens si je fais ceci ou cela ? » entend-on à tout instant s'exclamer. Dans Molière, dont tout le théâtre est la g'orification de l'homme

moyen, le Bonhomme Chrysale reproche véhemen-
tement à sà sœur de « donner la comédie ». Donner
la comédie, c'est-à-dire se singulariser, est aux
yeux du monde une très grande faute, presque un
crime ; ne pas faire parler de soi est le premier des
devoirs. Le grand homme, lui, ne connaît pas ces
servitudes ; porté au-dessus des autres, les usages
qu'il subissait sans en être gêné avant son élévation
lui apparaissent comme tyranniques, et il s'en
débarrasse, en homme qui, se sentant fait pour
commander, entend ne pas avoir à faire, pour obéir,
ce qui lui déplaît. S'est-il, dans un moment où les
idées étaient lentes à lui venir, couché pour écrire,
il se couche ensuite chaque fois ; pourquoi ne pas
travailler couché si on le fait plus aisément qu'en
se tenant assis à sa table ? L'écrivain ordinaire se
garderait de placer son papier à terre et de travailler à plat ventre sur le parquet ; il aurait peur
de ses enfants, de sa femme, de ses amis qui le
traiteraient de toqué. L'homme de génie n'a pas cette
peur car, sûr de l'approbation du monde entier,
l'opinion de ceux qui l'approchent l'indiffère, et il
est sans aucune gêne excentrique devant eux, comme
les dames romaines étaient nues devant leurs esclaves qui, à leurs yeux, n'étaient pas des hommes.

L'égoïsme la dureté des hommes de génie, si tant
est que ces défauts soient notablement plus pro-
noncés chez eux que chez le commun des hommes,

s'explique également par leur situation hors de pair.

Comme le roi, l'homme de génie est à une place unique, ses réactions doivent donc être spéciales. D'abord, très souvent il a dû, pour acquérir la situation matérielle ou morale qu'il occupe, beaucoup lutter. A chaque pas, l'envie, l'égoïsme, la méchanceté des hommes se sont mis en travers de sa route ; cela n'est pas fait pour lui inspirer vis-à-vis de l'humanité des sentiments très tendres. De plus, comme celle du roi toujours, la situation de l'homme de génie le met en rapport avec un très grand nombre d'hommes ; tout naturellement, il est porté à accorder beaucoup moins à chacun qu'il ne l'aurait fait s'il avait dû évoluer dans un milieu plus restreint. Enfin, pour peu que son étoile ait eu plusieurs éclipses, il a pu mieux que quiconque savoir ce que valent les protestations de dévouement. L'homme obscur rencontre souvent l'amitié au cours de son existence. Une bonté moyenne lui suffit pour le faire aimer de son entourage, avec lequel il se trouve en communion d'idées et de sentiments. Le grand homme par définition n'est jamais en communion intellectuelle et sentimentale avec ceux qui l'entourent, aussi n'est-il pas aimé. Incompris ou mal compris, il se dispense d'être communicatif et ne montre de lui que ce qui lui paraît susceptible d'être à la portée des autres. Dans les honneurs, la certitude qu'il a de voir quand même se courber les

frcnts le rend autoritaire et brutal. L'homme
moyen craint de blesser autrui ; et lorsqu'un jugement défavorable sur quelqu'un lui vient à la pensée,
il se garde de le lui exprimer, craignant qu'on ne lui
réponde du tac au tac. Le grand homme, lui, ne se
gêne pas, parce qu'il sait qu'on dévorera l'affront
sans répondre. De même que le pouvoir absolu
portait souvent les princes à des excès, de même le
pouvoir intellectuel conféré au grand homme le
porte à gourmander rudement les autres et à les
traiter en subalternes.

Il est on peut le dire ridicule de reprocher à un
grand homme son orgueil, car cet orgueil est
naturel. Comment ne pas se croire au-dessus des
autres lorsque tout le monde proclame qu'on l'est
en effet ? Certains grands hommes ont, il est vrai,
exagéré les manifestations extérieures de la vanité :
tel un grand poète contemporain qui s'assoit, dit-on,
pour recevoir les gens, sur un véritable trône ;
tel Victor Hugo qui supportait que ses visiteurs lui
manifestassent leur admiration en lui baisant la
main à genoux. Mais c'est être simpliste que de se
borner à reprocher ces exagérations aux hommes
de génie comme de monstrueux défauts, sans voir
la situation spéciale qui les a amenées.

L'orgueil est un défaut extrêmement commun ;
très rares sont les gens qui d'eux-mêmes se déclarent inférieurs. Il est de règle, au contraire, que

les hommes, même très mal doués, se croient supérieurs, et cela se comprend, ce ne peut être qu'au
travers de soi qu'il est possible d'envisager et le
monde et sa personne. Chacun de nous serait donc
parfaitement capable de supporter qu'on lui parle
à genoux ; et si l'idée n'en vient pas, c'est que depuis
son enfance on a vécu avec les autres hommes et
que l'entourage ne nous a pas appréciés autant que
nous-mêmes. L'opinion des autres sur notre valeur
vient donc apporter un correctif à celle que nous
étions tentés de nous former, et, à cet égard, le
milieu dans les sociétés civilisées a une action si
puissante que chacun finit par se mettre docilement à la place où on le met. Ce que l'opinion fait
pour l'homme moyen, elle le fait donc aussi pour
l'homme supérieur, elle le proclame grand et il se
proclame grand aussi.

Haute ou basse, on est l'homme de sa situation
et, selon que l'on est dans la grandeur ou dans la
misère, on s'accoutume aux génuflexions aux rebuf-
fades, les unes comme les autres finissant par
sembler naturelles et par laisser indifférent.

Cela est si vrai que seul le grand homme reconnu
est capable de ces aberrations de l'orgueil ; le savant,
le littérateur méconnu ne les présentent pas (1).
Souvent, pour ces derniers, l'action rabaissante du

____

(1) DUCHÈNE DE BOULOGNE, savant très longtemps décrié,
avait paraît-il des allures très humbles.

milieu est telle que ce sont les autres qui les révèlent
à eux-mêmes ; tel disciple, tel admirateur de hasard
qui ont apprécié leurs ouvrages ne suscitent que
leur étonnement lorsqu'ils viennent leur dire tout
le bien qu'ils en pensent ; ils se demandent comment
il peut se faire qu'ils soient des hommes aussi trans-
cendants, alors qu'ils ne s'étaient cru pendant des
années que des travailleurs modestes. Même lorsque
l'homme supérieur est convaincu de la réalité de sa
valeur, la valeur « officielle » lui en impose toujours ; tout en la méconnaissant au fond de son cœur,
il se courbe d'instinct lorsqu'elle se présente à lui ;
elle l'intimide comme le riche intimide le pauvre,

D'ailleurs, la richesse est souvent une des formes
de la consécration publique du grand homme qui
se trouve avoir de ce fait, talent et argent, et,
d'autre part, on trouve toujours du talent à l'homme
riche qui daigne prendre sa place parmi les travailleurs de la pensée. Qui n'est pas reconnu grand
homme au contraire ne voit pas l'argent aller à lui,
ce qui fait qu'il est doublement déprécié, et dans
sa valeur intellectuelle, et dans sa valeur financière.

Le *taedium vitae* qu'ont éprouvé certains grands
hommes s'explique moins facilement par les lois
sociologiques. *A priori*, on penserait au contraire
que les grands hommes devraient être ceux qui
s'ennuient le moins, puisqu'ils ont en abondance
les dons qu'envie tout le monde. En réalité, il n'est

pas sûr que la vie des grands hommes soit toujours attristée par l'ennui ; on a cité les heures moroses de Richelieu, l'état mélancolique de Stuart Mill, mais, en cette question comme dans les autres, il faut se garder d'être la dupe de la place spéciale dans laquelle les grands hommes se trouvent nécessairement. L'épicier s'ennuie sans que personne le remarque ; l'ennui d'un Richelieu occupe des millions d'esprits.

En thèse générale, l'ennui croit avec l'intelligence. L'animal s'ennuie peu, surtout à l'état sauvage ; la recherche de sa nourriture suffit à remplir son esprit. L'ennui est, en somme, une faim du cerveau d'autant plus difficile à satisfaire que le cerveau est plus vaste.

A intelligence égale, le pauvre s'ennuie moins que le riche, parce que son cerveau doit constamment être en travail pour lui assurer le nécessaire ; le souci de la nourriture, du logement, du vêtement, pour lui et les siens, l'absorbe presque tout entier. A ces questions, quelques monotones qu'elles nous paraissent, il est forcément *intéressé* parce que ce sont des questions vitales. Moins encore que l'ouvrier doit s'ennuyer le sauvage dont la vie est plus précaire. Chez ce dernier, le cerveau a assez à faire d'assurer le ravitaillement de l'estomac ; il n'a pas d'activité de reste. Mais le riche ayant son existence assurée, son cerveau reste inoccupé et le

fait souffrir. Ce temps tout juste assez long pour le
pauvre, il lui faut, à lui, le *tuer ;* il invente donc
des distractions ; et comme la satiété vient vite, le
nombre de ces distractions étant limité, l'ennui le
prend. Quant à l'homme de génie, il s'ennuie certainement moins que le riche oisif, car il s'est fait
une existence morale pour le soutien de laquelle il
doit *chasser* comme chasse le sauvage pour remplir
son estomac, comme chasse le pauvre pour sa
nourriture, son logement, ses habits ; mais comme
son cerveau est vaste, il a de l'activité de reste. La
vie d'ailleurs n'a rien de gai et elle l'apparaît d'autant moins qu'on s'élève en intelligence. Ce n'est
pas que je partage à cet égard les idées des pessi-
mistes qui, le plus souvent, ont manqué de sincérité
et n'ont visé qu'à un effet littéraire. Mais à mon
avis, il y a un fait capital et qui annihile tout ce
qui peut être joie dans la vie, c'est la mort. Sans la
mort il n'y aurait jamais de situation désespérée,
l'espoir indéfini de temps meilleurs consolerait la
misère ; les déboires de l'ambition, les trahisons de
l'amitié et de l'amour seraient de même aisément
supportées à la pensée que d'autres temps vien-
draient où l'on aurait plus de chance ; où l'on se
rencontrerait avec des amis plus dignes. Mais
lorsqu'aux déceptions de tout genre vient s'ajouter
la pensée du temps qui fuit et nous mène à brève
échéance à l'anéantissement inévitable, comment

ne pas s'attrister? On ne jouit de la vie qu'à la condition d'oublier la mort; c'est ce que fait, selon toute probabilité, le lapin qui continue de brouter tranquillement les feuilles alors qu'on vient d'extraire pour l'égorger son congénère de la cage; c'est ce que fait le plus souvent l'homme inculte et inintelligent qui vit dans le présent, sans se faire de l'avenir éloigné une idée bien nette. Zola, lui, se réveillait, paraît-il, brusquement la nuit en disant : « Je mourrai un jour! » et cette phrase, expression de banalité pour la plupart des hommes, traduisait pour lui l'horreur et l'épouvante. Serait-ce qu'il faille pour rester normal être le lapin? Les physiologisants diront oui, admirant chez le lapin l'harmonie parfaite de l'esprit avec les lois inéluctables de la nature; l'esprit de l'homme supérieur n'est pas harmonique, lui, il se révolte. Maladie! C'est possible... qu'importent les mots; mais qu'en serait-il de la civilisation s'il n'y avait jamais eu que des cerveaux normaux de lapin?

Le grand homme n'est pas un dégénéré, c'est un progénéré, un homme supérieur aux autres sous le rapport des facultés intellectuelles. Dans cette dernière assertion, il y a, il est vrai, une acceptation des postulats de la civilisation, car logiquement on pourrait être grand aussi par sa taille, par sa force musculaire, par son agilité, par sa beauté; mais le cerveau étant considéré comme de valeur incomparablement supérieure, on réserve le qualificatif de grand homme pour le grand cerveau.

Les fonctions intellectuelles du cerveau sont multiples : quelles sont celles dont le développement inaccoutumé font l'homme supérieur ?

Il faut d'abord éliminer la mémoire, qui est plutôt un instrument de l'intelligence que l'intelligence elle-même. Certes, une bonne mémoire est précieuse au savant; mais un peu à la manière dont leur est également utile un bon estomac. S'ils ne l'ont pas, ils y suppléent comme ils peuvent par plus de travail, ou par une documentation écrite bien ordonnée. Il est cependant une espèce de mémoire que les hommes supérieurs ont toujours, parce que, s'ils ne l'avaient pas, ils ne seraient pas supérieurs, c'est la mémoire des idées principales. Alors que le fait reste tel quel en impressionnant le cerveau de l'homme ordinaire, il est toujours chez l'homme supérieur rattaché à une idée principale, soit qu'il la fasse naître, soit qu'il vienne la corroborer ou, au contraire, l'infirmer. Plus tard, lorsque l'idée principale se représentera à la conscience, l'homme supérieur pourra avoir oublié le fait resté à dormir dans un livre, dans ses papiers ou en un point de la nature; mais il se rappellera que son idée est prouvée ou démentie par *quelque chose* et ce quelque chose il n'aura qu'à se donner la peine de le retrouver.

La faculté maîtresse qui, presque à elle seule,

fait le grand homme, c'est l'intelligence, le pouvoir de percevoir, là où les autres n'en perçoivent pas, des rapportsqui se trouvent vérifiés ensuite par tous. Les rapports les plus simples, celui d'une clef à une serrure, d'un soulier au pied, échappent à l'idiot. L'homme moyen perçoit les rapports familiers de la vie ordinaire dans le milieu social où il évolue ; c'est celui-là qui par essence est qualifié de normal, il ne choque jamais personne parce qu'il ne diffère de personne, par tout son être il est de l'avis commun. L'homme supérieur perçoit tous les rapports que perçoit l'homme moyen, plus d'autres que l'homme moyen ne perçoit pas. Aussi est-il un incompris, à moins que d'une manière quelconque l'autorité sociale n'ait collé sur sa singularité l'étiquette de bon aloi qui la fait accepter et même respecter. Mais la supériorité intellectuelle a ses degrés : tel qui paraît et est, en effet, supérieur dans un milieu de médiocres, peut être moyen et même inférieur dans un milieu plus relevé. Mais on réserve le nom de grand homme pour ceux qui sont supérieurs à tous et dont le milieu dans lequel ils pourraient se rencontrer à égalité ne comprendrait qu'un nombre très petit de personnes.

Si grand soit-il, un homme n'est jamais grand que dans un ordre borné d'activité. Tel chimiste qui se joue des problèmes les plus difficiles de sa science passera sans les voir à côté des rapports les plus simples des phénomènes de l'anatomie. Aussi est-il absurde d'aller demander à un Berthelot, par exemple, des lumières sur la morale. Le plus grand génie est nul sur les questions auxquelles il n'a jamais réfléchi et, lorsqu'on les lui demande, il répond d'ordinaire par les lieux communs de son entourage. On s'est étonné, lors d'une enquête célèbre sur la question de savoir si la science avait ou non fait faillite, de ne tirer des plus grands savants que de piètres banalités; c'est qu'on les interrogeait en dehors de leur spécialité; ils avaient réfléchi à la direction des ballons, aux fermentations ou à la filiation des primates, mais ne s'étaient jamais demandé si la Science, en général, suffisait ou non au bonheur de la vie.

Certains psychologues prétendent que ce qui est chez le grand homme spécialisation de fait était, dès sa naissance, en germe dans son cerveau sous la forme d'aptitudes. Tel enfant porterait en lui un chimiste en puissance, tel autre un physiologiste, tel autre un ministre ou un général (1). Rien n'est moins prouvé et j'ajoute que c'est trop simple pour pouvoir être vrai. La musique seule, qui répond à un sens spécial, comporte dés remarquables prédispositions ; mais pour les autres branches de la connaissance ou de l'activité, tout

____

(1) MANOUVRIER, ouv. cité.

montre que les circonstances les plus fugaces parfois décident de la spécialisation. L'homme supérieur est capable de tout entreprendre ; il arrive d'emblée à faire ce que le commun des hommes ne fait qu'après un stage plus ou moins long. Certes, ainsi que je l'ai dit plus haut, il ne faut pas lui demander des vues transcendantes sur des problèmes complexes étrangers à sa spécialité; mais dans toutes les manifestions familières de la vie, il se montre supérieur aux autres. On pourrait m'objecter ici les clichés populaires sur le savant qui ne sait pas s'habiller et qui est dans la vie pratique la dupe de son entourage; mais c'est que la chose est plus complexe qu'on ne se l'imagine. Le savant mal habillé peut s'être fait l'idée bien ou mal fondée que l'élégance du vêtement n'a aucune importance, qu'elle est même blâmable, accusant la futilité de pensée, ou tout autre idée à laquelle il ne fait que se conformer en négligeant sa toilette. De même il peut tenir en mépris les menues matérialités de la vie sociale, il peut ne pas vouloir faire l'effort qu'il faudrait pour ne pas être trompé par ses amis, volé par ses fournisseurs.

Comme preuve de l'existence d'aptitudes spéciales et de l'hérédité de ces aptitudes, les psychologues citent d'ordinaire les généalogies de chimistes, de mathématiciens, d'astronomes, etc.; ils sont la dupe d'apparences dans lesquelles il n'y a, cela saute aux

yeux, que le fait sociologique très simple de fils
continuant la carrière de leurs pères. Si ces auteurs
n'avaient pas été aveuglés par les préjugés des
classes dirigeantes d'après lesquels il est bon ton de
ne parler dans les livres que des savants, des littérateurs et des politiques, en oubliant qu'il existe des
tailleurs, des cordonniers, des chapeliers, etc., ils se
seraient rappelé que, dans ces professions également, il est des exemples de fils succédant à leur
père, ce qui ne prouve pas que nous ayons dès la
naissance des aptitudes hérédiraires à la fabrication
des chaussures ou des habits. Mais, membres des
classes dirigeantes et portés instinctivement à les
soutenir, les psychologues ont de suite été saisis par
la théorie des aptitudes héréditaires qui permet de
justifier le régime des castes en l'appuyant sur des
bases scientifiques. Comment refuser une chaire ou
un laboratoire bien nanti à un jeune homme qui peut
justifier d'une bonne *hérédité* scientifique ? (1) Dans la
pratique, à côté des fils éminents, de père éminents,
nous voyons nombre des jeunes gens que leur auguste
parenté scientifique n'empêche pas d'être très ordinaires, parfois moins qu'ordinaires, et qui, malgré
toutes les protections familiales, n'arrivent à rien.
D'ailleurs, combien serait grossier le mécanisme psy-

___

(1) *L'hérédité* remplace dans la République démocratique
la *naissance* de l'ancien régime.

chologique si notre intelligence était ainsi subdivisée
en cases correspondant aux diverses branches de l'activité humaine ; l'observation d'ailleurs nous montre
qu'elle n'est pas ainsi et qu'au contraire elle est infiniment adaptable à des activités nouvelles. A force
d'être répétée, il est probable qu'une occupation finit
par s'organiser dans le cerveau. La différence d'habileté qui existe dans une même profession entre un
débutant et un vieux praticien tient à l'existence de
cette organisation qui est à la fois cérébrale et pé-
riphérique ; mais que ces organisations soient assez
solides pour se transmettre, c'est ce qui n'est pas
démontré.

Il ne faudrait pas cependant conclure de ce qui
précède que les circonstances sociologiques fassent
tout et qu'il n'y ait à la naissance, entre les intelligences, qu'une différence quantitative. Il y a des
qualités intellectuelles qui sont indépendantes de
l'intelligence elle-même. Telles par exemple la rapidité de la compréhension et l'activité de la pensée.

Incontestablement, Rousseau était une grande intelligence et cependant il avait, selon l'expression
familière, l'esprit de l'escalier, c'est-à-dire qu'il
ne trouvait pas immédiatement la répartie qu'il
fallait. D'autres, beaucoup moins intelligents parfois
trouvent tout de suite ce qu'il faut répondre.

Mais si ces qualités intellectuelles sont, en quelque manière, congénitales, l'éducation fait beau-

coup pour leur développement; il ne faut pas oublier que Rousseau était un homme du peuple, qu'il a toujours vécu dans un milieu grossier, avec des gens auxquels il ne pouvait presque rien communiquer de ses pensées; qu'il vivait dans des conditions matérielles très modestes et que par suite il ne se trouvait pas à son aise dans les salons aristocratiques dont la grande notoriété qu'il avait acquise lui ouvrait les portes. Parfois, la lenteur de la compréhension n'est qu'apparente, elle est le fait de la timidité qui nous enlève tous nos moyens. Très souvent le riche a la répartie prompte parce que, habitué à voir tout le monde plier devant lui, il n'est jamais embarrassé. La pratique de la politique donne aussi de la rapidité aux facultés intellectuelles. Une réunion publique, en effet, est en quelque manière un salon, c'est-à-dire un endroit où l'on parle et où l'on est d'autant plus apprécié des autres qu'on parle davantage. Qui veut y parvenir s'exerce donc à comprendre vite et à répondre tout de suite ce qu'il faut; la réponse peut être quelconque, l'essentiel est qu'elle soit vive et bien tournée. Lamartine a arrêté une révolution en disant que le drapeau rouge n'avait fait que le tour du Champ-de-Mars, alors que le drapeau tricolore avait, lui, fait le tour du monde. L'idée est absurde; car ce n'est pas parce qu'on a été vaincu une fois qu'on ne doit plus engager de bataille; les victoires passées, elles non plus, ne sont pas le gage certain des victoires futures ; Austerlitz n'a pas empêché Waterloo. Mais la forme était trouvée, les images évoquées étaient fortes ; cela a suffi à une foule nécessairement composée en sa presque unanimité de médiocres et d'inférieurs.

Mais il y a certainement une part congénitale dans la rapidité de la pensée ; les observations que j'ai pu faire dans les milieux politiques m'en ont fourni la preuve. Certains hommes d'origine fortunée, ayant, par conséquent, l'habitude du monde et très désireux, d'autre part, de faire leur chemin en politique, restent des orateurs froids, embarrassés, sidérés par une répartie de l'adversaire. D'autres, des ouvriers qui n'ont jamais fréquenté qu'un milieu inférieur et restreint, deviennent rapidement des orateurs écoutés et savent répondre aux objections de manière à se faire applaudir.

L'activité de l'esprit, de même que sa rapidité, n'est pas toujours en rapport avec le développement intellectuel. Il est de grands cerveaux qui dorment la plupart du temps et ne se réveillent qu'à des intervalles rares. Il est au contraire de petits esprits qui sont toujours en travail. J'ai connu un certain nombre de ces derniers. Ce sont des gens dont l'intelligence, quoique souvent bien inférieure à la moyenne, est toujours en travail d'enfantement. Ils nous harcèlent de leurs théories, souvent enfantines parfois raisonnables, mais déjà archi-trouvées sans qu'ils s'en doutent. Il est impossible de faire société avec eux, car ils sont ce qu'on appelle vulgairement des raseurs, ils ne peuvent vous rencontrer sans vous faire une conférence sur leur dernière élucubration. Très actifs, ils remuent ciel et terre pour faire connaître leurs œuvres ; s'ils sont pauvres, ils échouent toujours ; s'ils sont riches, ils se paient des éditeurs, des articles élogieux dans les journaux, mais l'oubli vient vite parce qu'ils sont trop inférieurs pour être écoutés.

D'ordinaire, le public traite de fous ces déchets de la pensée ; c'est souvent à tort, car en outre qu'ils n'ont pas d'idées délirantes, leurs théories ne sont pas dépourvues de logique. Ils ne paraissent étranges que par leur activité, toujours très supérieure à la moyenne. Ils montrent leur indigence mentale manifeste dans des questions d'une difficulté très ordinaire, mais ils sont sans cesse intéressés des plus grands problèmes qu'ils solutionnent de manière simpliste. Leur activité est encore stimulée par la très grande croyance qu'ils ont en eux-mêmes ; l'action rabaissante que le milieu social a sur la personnalité des hommes ordinaires et des grands méconnus, n'existe pas pour eux. Car outre qu'ils ne sont pas assez intelligents pour saisir la déconsidération exprimée dans une forme polie, ils sont trop pleins d'eux-mêmes pour s'émouvoir des jugements.

L'activité intellectuelle pouvant coexister avec

une intelligence peu développée, la réciproque est
également vraie : ainsi que nous l'avons dit, il est
de grands cerveaux qui semblent dormir. Néanmoins, on comprend que parmi les facteurs supérieurs l'activité et la rapididé ne sont pas négli-
geables. Il est des branches, telle la politique, où il
est impossible d'être un grand homme sans ces qualités, parce que, pour y acquérir une action puissante,
il faut non seulement voir juste, mais voir vite :
quiconque aime à dormir est vite dépassé par les
événements. Dans la science, au contraire, point n'est
besoin d'être actif, ni rapide ; la puissance intellectuelle, à elle seule, suffit pour faire des découvertes
et pour être porté par elles à la gloire. Dans le se-
cret de son laboratoire, le savant peut être un esprit
lent ou paresseux ; qu'importe qu'il soit incapable
de réparties vives, puisque personne n'est là pour
provoquer ses réparties. L'essentiel est qu'à un moment quelconque il apporte lé travail original qui le
classera hors de pair.

L'école italienne voit dans l'idée géniale un processus presque surnaturel. D'après elle, pour que la
vue de génie puisse se produire, il faut l'Inspiration,
c'est-à-dire un état de l'esprit tellement extra-nor-
mal qu'il côtoie la pathologie. Je crois qu'à cet égard
ces psychologues se sont trop laisser influencer par
la grandiloquence des poètes et des littérateurs. Le
génie étant une chose à la fois rare et bienfaisante

pour l'humanité, il est tout naturel que la poésie et la prose l'aient magnifié, et que pour ce faire elles se soient servi de toutes leurs ressources d'images et d'expressions fortes. Quelle impression aurait fait l'homme de génie sur les masses si on le leur avait présenté en robe de chambre et en pantoufles ; il fallait bien mettre en valeur son cerveau pour que le public comprenne bien que ce cerveau était supérieur.

Mais le scientifique doit savoir voir la réalité sous la convention ; et cette réalité nous montre que l'idée géniale n'a besoin pour se produire que des processus ordinaires. Robespierre — à qui certains, surtout s'ils sont contre la Révolution, refuseront le génie, mais qui, incontestablement, s'est révélé un grand homme, puisqu'il a su se mettre au premier plan des événements, — était un homme très paisible. Les contemporains, qui pensaient que le génie doit toujours être accompagné du tonnerre et des éclairs, devaient être surpris lorsqu'ils le voyaient paisiblement assis sur un banc des Champs-Elysées, entre les jeunes filles Duplay, et occupé à caresser la tête de son chien. Les idées les plus heureuses devaient lui venir tout naturellement pendant le travail de réflexion. Les événements l'influençaient et il influençait les événements, sa pensée allait ainsi au jour le jour par des processus identiques à la foule des autres pensées moins puissantes.

Pelletier.   4

Dans son *Introduction à la Physiologie expéri-mentale*, Claude Bernard nous fait assister à ses principales découvertes. Certes, on admire la sim-plicité, la clarté lumineuse de son esprit, mais il ne nous montre rien qui rappelle l'Inspiration quasi-hallucinatoire des psychologues italianisants.

Ce qui caractérise l'inspiration, c'est sa venue su-bite, inattendue; mais l'observation nous montre que, loin d'être spéciale aux hommes de génie, elle se produit chez tous les hommes. L'homme le plus ordinaire, si on l'interroge, dira que plusieurs fois, souvent même, il lui vient tout d'un coup une bonne idée, à laquelle il n'avait pas pensé aupa-ravant. La seule différence qu'il y a à cet égard entre le grand homme et l'homme ordinaire, est dans la nature de l'idée ; l'un et l'autre présentent le même mécanisme de pensée, seulement ils ne pensent pas aux mêmes choses.

D'après ce que nous avons dit jusqu'ici, on peut conclure que le grand homme, c'est l'homme supé-rieurement intelligent. Mais cela n'est vrai que pour les sciences où l'homme est seulement en rap-port avec les choses; dans la politique, l'art mili-taire, où l'homme est en rapport avec les hommes, il faut outre l'intelligence un autre facteur, c'est le caractère ou l'énergie. A quoi aurait servi à Bona-parte toute sa puissance intellectuelle, s'il avait reculé par peur devant le Coup d'Etat de Brumaire.

Il a, en réalité, eu peur au moment décisif, mais il a pu se maîtriser assez pour agir. S'il ne l'avait pas pu, qui le considérerait aujourd'hui comme un homme de génie ?

Il est des hommes qui ne sont grands que par leur énergie, leur intelligence n'étant que peu supérieure à la moyenne. C'est le cas de Garibaldi qui a cependant joué un très grand rôle dans l'unité italienne et est par là, avec juste raison, considéré sinon comme un homme de génie, du moins comme un grand homme. Il est des pages de lui qui sont d'un anti-cléricalisme banal ; aucune vue élevée, rien que les phrases ressassées chaque jour dans tous les journaux de son parti. M. Doumer qui joue dans la politique présente un rôle en vue, s'est montré insuffisant dans *Le Livre de mes fils*. La seule chose que respire cet ouvrage, c'est l'énergie ; encore faut-il la lire entre les lignes, car cette qualité — que l'auteur a, cela est plus que probable — il ne sait l'exprimer qu'en de plats conseils, comme celui de se lever matin et de ne pas être gourmand. Comme je parlais un jour de ce livre à des hommes politiques, ils avaient convenu avec moi de son peu de valeur. J'en profitai alors pour conclure du livre à l'homme, voulant voir ce qu'ils répondraient. Ils se récrièrent vivement, et j'en fus d'autant plus frappée que ces hommes étaient bien loin de partager les opinions de M. Doumer. « Qu'importe ?

disaient-ils. Un livre, cela ne signifie rien ; Doumer a autre chose, il a qu'il est ce qu'il est. »

Peut-être même en politique, l'énergie est-elle plus précieuse au grand homme que la supériorité intellectuelle ; car, alors que dans la science il faut sans cesse aller plus avant dans la complexité des problèmes, les problèmes que pose le maniement des hommes sont en nombre limité et se répètent sans cesse au cours des temps. Les artifices nécessaires à l'orateur pour séduire son auditoire étaient les mêmes au temps des Romains que de notre temps ; seul le contenu des phrases a changé. L'art de se maintenir au pouvoir en satisfaisant les ambitions et les cupidités, en ayant l'œil ouvert sur les fautes des gens qui pourraient nous y supplanter, est également de toutes les époques. *Le Prince*, de Machiavel, peut encore servir aux gouvernants d'aujourd'hui ; les moyens de se débarrasser des adversaires sont moins brutaux, mais l'assertion que pour se maintenir il faut mettre hors d'état de nuire les gens qui veulent votre place, est une vérité éternelle. En causant avec des politiques des événements de la Commune, je formulai cette idée qu'au lieu de se disputer entre eux, les membres du Comité central auraient dû immédiatement se concerter pour grouper tout ce qu'ils pouvaient de la Garde nationale et de troupes régulières, et de faire marcher cette armée nouvellement constituée

contre l'Assemblée de Versailles dont les troupes
étaient encore flottantes. Je répétai cette idée à des
hommes d'intelligence très différente ; tous me
dirent qu'en effet c'était ce qu'il aurait fallu faire.
L'idée me paraissait en effet fort simple à moi-
même, aussi me demandai-je pourquoi on ne l'avait
pas réalisée. C'est qu'en politique ce n'est pas la
conception, mais la réalisation qui est difficile.
Avoir une idée n'est rien, il faut réussir à la faire
partager aux autres, la faire passer dans les faits et,
pour tout cela, l'audace qui ne craint pas les conséquences, la ténacité que les échecs ne rebutent
pas, l'énergie qui s'impose aux autres, sont beaucoup plus importantes que la complexité intellectuelle.

CHAPITRE III

VÉRITÉ SCIENTIFIQUE ET VÉRITÉ POLITIQUE

Le titre de ce chapitre pourra surprendre, car on
pense d'ordinaire qu'il ne saurait jamais y avoir
qu'une seule vérité. Cependant, l'observation nous
montre que l'homme politique et le savant n'ont
pas la même manière de raisonner. Sur un sujet
donné l'homme politique pense tout différemment
de l'homme de science, ou même plus simplement
de l'homme cultivé qui se contente d'observer les
événements, sans chercher à avoir sur eux une
action personnelle. Le plus souvent l'homme politique fait mauvaise impression; on le croit ou bien
un esprit vulgaire, ou bien un homme qui manque
à la fois de réflexion et de sincérité. Il faut dire
d'ailleurs que l'homme de science n'impressionne
guère mieux l'homme politique; il le classe au rang
des esprits simplistes, grands travailleurs de ca-

binet, mais qui manquent totalement d'observation pratique. S'il s'agit d'un homme très réputé dans sa spécialité scientifique, le politique relève nécessairement son appréciation. Il se dit alors que probablement les choses de la science et les choses de la politique sont différentes. En somme, le politique et le scientifique ne se comprennent pas, pourquoi?

Parce que l'objet de chacun est différent. Le savant observe les phénomènes naturels, voire même les hommes et le politique agit sur les hommes.

L'homme politique n'est pas seulement un observateur, il est avant tout un agissant ; il *veut* un but et ce but il lui faut, non seulement le réaliser pour lui-même, mais amener la volonté des autres à le vouloir aussi. La matière à expérience du politique c'est donc l'humanité elle-même ; c'est sur les esprits des autres qu'il lui faut agir.

On pourrait penser qu'alors le rôle du politique est assimilable au rôle du pédagogue ou de l'apôtre ; mais, en réalité, il est tout différent. Le pédagogue, en effet, a entre les mains des cerveaux qui sont presque des tables rases; il y dépose des idées qui deviennent ce qu'elles peuvent. Le plus souvent, à vrai dire, les enfants auxquels il s'adresse ont déjà des idées qu'ils ont reçues dans leur famille et qui peuvent être contraires à ses idées à lui. Mais alors même qu'il en est ainsi, toujours l'enfant est devant lui un être faible et passif, il peut se laisser plus ou moins influencer ; mais jamais son opposition n'est redoutable. Entre le maître et l'élève il n'y a en somme pour ainsi dire qu'un seul courant psychique, le maître agit sur l'élève, mais n'est pas agi par lui.

L'action de l'apôtre d'une religion est à peu près de même ordre que celle du pédagogue. Il a une doctrine fixée dans sou esprit *ne varietur* et l'idée même d'en modifier quoique ce soit lui apparaîtrait comme un crime. Tel un semeur il va donc répandant ce qu'il appelle « la bonne parole » et selon que le terrain est bon ou mauvais, la bonne parole fructifie ou non.

Cette conception de l'apôtre religieux ne vaut pas pour les Jésuites, qui ne se sont pas contenté de répandre la religion mais ont voulu l'adapter aux hommes tels qu'ils étaient et ont imaginé toutes sortes de subterfuges pour réaliser cette adaptation. Aussi bien les Jésuites ne sont-ils pas des religieux, mais de véritables politiques dont le but était de s'emparer des hommes pour les diriger et exercer un pouvoir à la fois occulte et absolu. C'est la raison pour laquelle, d'ailleurs, ils ont soulevé tant de haines.

Bien des hommes politiques, il faut le dire tout de suite, ne sont que des apôtres. Au lieu d'enseigner le Christ, ils enseignent le meilleur gouvernement, le meilleur système social. Mais les doctrines politiques étant moins fixes que les religions, leurs propagandistes ont d'avantage la facilité de les faire varier avec le milieu devant lequel ils parlent, c'est alors qu'ils cessent d'être des apôtres pour devenir des politiques véritables.

Alors qu'en effet le pédagogue et l'apôtre ne sont que de simples semeurs d'idées, le politique est une manière de chimiste qui, pour agir sur les esprits, doit les connaître et en tenir compte. Il ne lui suffit pas de dire. J'ai la vérité, et cette vérité je vais la déposer dans ces esprits comme une graine dans la terre ; il a en face de lui des esprits adultes qui ont leurs idées comme il a les siennnes, et qui ne sont pas disposés à en changer. Le professeur est fort devant ses élèves qui sont faibles, mais sur l'estrade d'une réunion publique le politique représente la faiblesse. Placé devant la foule comme devant une force naturelle, il ne peut arriver à lui commander qu'en lui obéissant.

Pour réussir à être le maître des hommes, le politique doit donc bouleverser sa logique. Les idées que les autres lui opposent perdent leur caractère discutable, il n'a plus à se demander si elles sont vraies ou fausses, il lui faut les considérer comme des existences réelles, comme des faits dont il ne peut pas ne pas tenir compte. Ainsi la vérité logique n'incite plus son admiration et son acquiescement ; l'erreur ne provoque plus sa révolte ; la puérilité son sourire. L'idée la plus absurde commande son respect, parce qu'il ne la considère pas autrement qu'à l'égal d'une force, il se dit qu'il lui faut se faire un adepte de l'homme inférieur qui la profère, et que pour y arriver il doit tout au moins lui paraître la partager.

Mais très rares sont les politiques qui ont une lucidité cérébrale assez grande pour couper pour ainsi dire leur personnalité en deux, l'une logicienne et l'autre politicienne. Aussi, en général, les politiques s'adaptent à leur milieu d'une manière presque instinctive ; dans tout le cours de leurs débuts ils s'imprègnent des masses auxquelles ils ont affaire, et il leur est d'autant plus facile de s'y adapter, qu'ils leur ressemblent naturellement davantage. L'orateur des foules n'est souvent qu'un exemplaire un peu supérieur du milieu dans lequel il parle ; et son succès est, d'ailleurs, d'autant plus grand qu'il en diffère moins.

Cependant, la dualité des logiques se manifeste quand l'homme politique quitte son auditoire nécessairement médiocre, quelle que soit la classe pour causer avec un sociologue scientifique, par exemple. Alors les idées du sociologue lui apparaissent comme étant à la fois vraies et fausses, c'est que vraies en logique elles se trouvent fausses en politique, le vrai politique n'étant pas le vrai selon sa propre raisou ; mais ce que dans sa masse le peuple, auquel on a affaire, peut à l'époque ou on se trouve accepter comme vrai.

En politique la vérité ne peut se concevoir autrement, car la vérité logique n'a presque pas d'importance ce qui importe et importe seulement, c'est de *réaliser* et pour réaliser, il faut avoir les autres avec soi.

Le plus souvent, il est vrai, le politique ne prétend réaliser autre chose que son propre avènement au pouvoir. Il se contente donc d'obéir au milieu qui est susceptible de l'y porter ; pour lui il n'y a pas deux vérités, il n'y en a qu'une, la vérité politique. Si le milieu varie, il varie comme lui et sa personne n'est à tous les instants de sa vie que le reflet supérieur de ses commettants ; mais si ce genre d'hommes réussit d'ordinaire à conquérir le pouvoir qu'il convoite, jamais il n'arrive à se faire une notoriété durable, par la raison que n'ayant pas de personnalité, il ne peut imprimer aucun mouvement aux masses, leur nom ne s'attache à rien.

Les hommes à personnalité trop rigide qui ne comprennent pas la réalité des deux ordres de vérité et veulent imposer aux autres les conclusions de leur logique personnelle arrivent parfois à la célébrité, mais ils n'ont pas le pouvoir ; parce qu'ils ne sont jamais compris que du petit nombre. Tels ont été Auguste Comte, Fourrier, dont les systèmes ont vieilli sans avoir jamais reçu un commencement d'application, étudiés seulement par une élite restreinte.

Le politique dans son expression la plus haute est l'homme des deux vérités. Sa puissance logique est assez forte pour qu'il soit capable d'idées justes, personnelles et susceptibles de promouvoir la société vers un mieux être ; et, en même temps, sa conscience de l'obstacle devant des masses est assez lucide pour qu'il soit capable de le tourner.

De même qu'il y a deux vérités logiques, il y a également en politique deux vérités morales, le bien tout court et le bien de son parti, qui préfère le bien tout court, peut être un excellent moraliste, mais il est un mauvais politique.

Bien souvent, au cours de discussions sur la forme à adopter pour des polémiques de presse ou de réunions politiques, certains déclarent qu'il est peu délicat de proclamer que ses adversaires ont d'abominables défauts ; car cela tend à faire supposer prétentieusement que son propre parti a toutes les qualités. Certes, si la foule des lecteurs et des auditeurs était capable de distinguer et d'apprécier le mérite et la bonne volonté là où elles sont, point ne serait besoin d'affirmations toujours grossières. Mais la foule voit simple, elle ne saurait réfléchir et lorsque celui qu'elle approuve, décrie son adversaire, elle le croit et sa sympathie pour lui augmente d'autant, comme augmente également d'autant son antipathie pour le parti contraire.

En morale comme en logique, quiconque veut réussir et faire réussir ses idées, doit avant tout être un psychologue et se souvenir que la vérité de la masse n'est pas sa vérité.

C'est une erreur politique également de croire que pour changer un gouvernement, pour faire une révolution, ou pour inciter quelque mouvement que ce soit, il faille attendre d'avoir la majorité, bornant son activité à convaincre le plus possible de personnes de la nécessité de ce que l'on préconise. Bien des politiques, cependant, pensent ainsi, et nombre de révolutions ont été empêchées ou vaincues par la faute de ces gens qui ne peuvent agir sans se recommander de quelque chose. Le politique se dit que pour lui les considérations morales ne sauraient valoir ; il n'est ni bon ni mauvais ; il n'est ni un honnête homme ni un malhonnête homme ; il est un homme qui a voulu qui s'est donné un but ; tout ce qui le rapproche de ce but, il le considère comme bon ; et tout ce qui l'en éloigne comme mauvais.

On prête à un agent qui procédait lors du coup d'état du 2 décembre à l'arrestation d'un député anti-bonapartiste, une réflexion de politique très profonde dans sa naïveté apparente.

Pelletier   5

Le député, objet de cette mesure désagréable, protestait contre son illégalité. Mais certainement aurait répondu l'agent, cela ne peut être légal, puisque c'est le coup d'Etat (1).

Un coup d'Etat au moment où il est fait n'a rien à voir avec la légalité ; s'il réussit il devient légal ; s'il ne réussit pas c'est l'ancienne légalité qui se continue.

Le général Boulanger était, paraît-il, très préoccupé de scrupules légalistes. Alors que son état-major, Naquet, Deroulède et autres le poussait au coup d'Etat dans un moment où ce coup d'Etat avait les plus grandes chances de réussir ; il reculait devant la perspective de l'Illégalité à commettre, il ne voulait, disait-il, tenir le pouvoir que de la légalité.

Souvent, au fond, ces scrupules sont en réalité de la peur ; n'osant pas engager un combat toujours quelque peu hasardeux, craignant la défaite et ses conséquences qui peuvent être terribles, on voile sa timidité de considérations morales, qui, malgré tout, cependant, ne sont pas sans quelque influence sur des gens qui n'ont pas assez compris que la vérité morale n'est pas la vérité politique.

Combien nous apparaît grand à côté de Boulanger le légaliste, le général Mallet, qui au président du tribunal lui demandant le nom de ses complices lui répondit : « Toute la France et vous-même si j'avais

(1) LOLIÉE, *Le Duc de Morny.*

réussi. » Certes, à distance sa conception nous apparaît comme simple, enfantine même, et on s'étonne qu'il ait pu la mener aussi loin; mais combien grande était son énergie ! Il avait compris que les considérations de moralité et de légalité sont indignes de qui prétend assumer le rôle de conducteur des hommes, et il sut, prenant courageusement la responsabilité de ses actions, dire : « J'ai voulu, je n'ai pas réussi, votre appréciation de mes actes ne m'importe pas ; vous êtes vainqueur, je suis vaincu, faites ce que vous voudrez. »

D'ailleurs, celui qui voudrait attendre pour transformer un gouvernement ou un ordre social d'avoir pour lui l'unanimité, même la majorité des intéressés n'y arriverait jamais. La masse ne cherche pas à être convaincue, elle ne demande qu'à suivre la voie qui lui apparaît comme étant celle des forts. Les clubs révolutionnaires des provinces éloignées de Paris, dont les membres n'avaient jamais vu Danton et Robespierre, les ont à quelques mois d'intervalle portés au ciel et traînés dans la boue sur les simples dires de la coterie parisienne qui était la triomphatrice du jour. Et ce qui est surtout intéressant pour le psychologue social, c'est que ces gens étaient, selon toute probabilité, sincères ; seulement incapables de réfléchir eux-mêmes ils voyaient ce qu'on leur faisait voir.

Les moyens à employer pour persuader les

peuples diffèrent donc de ceux qui servent à convaincre les individus éclairés, et même les individus
en général. Alors qu'on arrive à faire partager sa
conviction à une autre personne par la solidité de
ses arguments ; les faits que l'on apporte, la puissance de sa logique; pour convaincre un peuple il
faut sortir en grand nombre, s'emparer du palais du
gouvernenement, supprimer ou mettre hors d'état
de nuire les gens au pouvoir, se livrer à toute espèce
de violences. Ce dernier moyen de conviction n'est
pas plus immoral que le premier ; il est seulement
d'un autre ordre et chacun des deux moyens est
approprié à son objet.

Les actes, dits de propagande par le fait, sont aussi
des moyens de conviction, devant s'adresser à un
grand nombre de personnes à la fois. Par leur caractère terrible même, ils frappent l'opinion et
peuvent s'ils sont accomplis au moment opportun
faire plus pour la propagande d'une idée que des
années de discours. L'attentat d'Orsini eut une action de la plus haute importance sur l'unité italienne; le meurtre du roi de Portugal, amena la
chute de la monarchie en deux ans. L'inconvénient
de ces actes c'est qu'ils sont réprouvés par le grand
public qui n'admet que la morale conventionnelle,
et peuvent déchaîner la colère du peuple, et contre
leurs auteurs, et contre les idées au nom desquelles
ils ont été perpétrés. Leur résultat peut donc, ou

être très bon, ou être, au contraire, très mauvais; ce caractère aléatoire est, d'ailleurs, celui de toute intervention importante au milieu de circonstances qui ne peuvent jamais être complètement connues. C'est à ceux qui s'engagent dans cette voie à être suffisamment sagaces, pour, selon les circonstances, agir ou s'abstenir.

Tous les grands politiques ont compris la nécessité de cette morale dure, féroce parfois, pour les conducteurs de peuples dignes du rôle éminent qui leur est départi. Au cours de la campagne d'Egypte acculé à la nécessité de faire fusiller des prisonniers qu'on ne pouvait ni nourrir, parce qu'il y avait disette, ni laisser fuir, parce qu'ils seraient venus de nouveau combattre l'armée française, en donnait l'ordre à un de ces généraux. Comme celui-ci se récriait sur le caractère abominable de la mesure, il lui montra du doigt dans le lointain un couvent et lui dit : « Entrez-là, passez-y le reste de vos jours. » Au couvent ou dans la vie simple, lorsqu'on n'a pas de responsabilités on peut à loisir être inoffensif, mais le général à la guerre, le politique à la tête d'une nation, doivent être capables du mal qui évite un mal plus grand encore.

Cette vérité le peuple la comprend dans une certaine mesure ; aussi pardonne-t-il toujours aux puissants leurs crimes selon la morale; le meurtre du duc d'Enghien n'a pas abattu Napoléon, la féroce répression de la commune, loin de diminuer Thiers, l'a porté au pouvoir. Le peuple n'a de blâme que pour les crimes de l'opposition ; alors que les fusillades du 2 décembre n'ont pas empêché Napoléon III d'être honoré, Ravachol pour une destruction infiniment moindre d'hommes est exécré par la presque unanimité des Français, à peine si ses coreligionnaires politiques osent le louer tout haut.

Les savants eux-mêmes, ce qui est moins pardonnable, tombent dans cette erreur conventionnelle. Dans les livres sur les criminels, on trouve un chapitre consacré aux criminels politiques (1) et naturellement les criminalistes découvrent à ces derniers toutes sortes de tares physiques et morales qui les rapprochent des gens qui tuent leur semblable pour leur voler leur porte-monnaie. Mais, pour qui se place en dehors du point de vue de convention, il est évident que Napoléon III qui fait tuer plusieurs milliers d'hommes pour prendre le pouvoir, est aussi criminel que Casério qui tue le président Carnot, parce qu'il pense que ce meurtre servira ses idées. D'après la morale courante même, envisagée avec impartialité, c'est Napoléon III le plus coupable, d'abord parce que le nombre de ces meurtres est plus grand et ensuite parce que celui qui veut le pouvoir pour lui-même peut toujours être soup-

(1) LOMBROSO, *Les Anarchistes.*

çonné de n'avoir pas seulement en vue la prospérité du pays.

Nous avons montré, dans un chapitre précédent
que l'homme de génie pour le monde c'est celui qui
réussit, de même en politique le criminel c'est celui
qui échoue, l'homme qui réussit n'est jamais criminel, quel que soit le nombre des meurtres qu'il
ait commis pour réussir.

Mais lorsqu'on s'affranchit de la morale courante
on comprend que si au pouvoir les guerres, les répressions d'émeutes qui sont des meurtres sont parfois nécessaires au salut ou au progrès du pays,
tels que les gouvernants le conçoivent, de même
dans l'opposition le meurtre est parfois nécessaire.
Le chef d'un parti d'opposition est dans une certaine mesure, un chef d'Etat, lui aussi, doit exercer
une action déterminée sur un très grand nombre
d'hommes, aussi est-il parfois obligé à des actes de
même ordre. Un chef révolutionnaire n'est pas plus
criminel en provoquant une émeute qui peut
amener le triomphe de son parti, qu'un roi n'est criminel en déclarant une guerre dont il espère
l'agrandissement de son pays; l'un et l'autre ils
sont les hommes d'une situation qui commande des
actes où l'on est jamais conduit lorsqu'on est au
couvent ou que tout aussi paisiblement on fait le
commerce des denrées coloniales.

Une des causes des échecs des mouvements populaires, c'est que les gens du peuple, ayant toute leur vie été des paisibles, n'ont jamais pour les suppressions nécessaires autant « d'estomac. » que des hommes de gouvernement.

Que n'a-t-on écrit sur les foules criminelles? A lire les auteurs on pourrait penser que rien ne dépasse en férocité un peuple insurgé. Mais c'est que les psychologues des foules se sont toujours placés au point de vue du pouvoir contre l'opposition, et des classes riches contre les classes pauvres. En réalité, les révoltes n'ont jamais répandu autant de sang que les répressions. Les victimes de la grande Révolution qui ont fait couler tant d'encre ne dépasse guère en tant de nombre de cinq ou six mille et elles ont été faites en six ou sept ans; la répression de la commune a tué trente-cinq mille personnes en quelques jours. De même sous le rapport de la légèreté, du manque de justice, les cours prévotales de la Terreur blanche n'ont rien à envier au fameux tribunal révolutionnaire.

Toujours dirigé, le peuple est imprégné de ce que Nietszche appelait la morale des esclaves, et cette morale des esclaves il continue d'en être imprégné le jour où une émeute le fait dirigeant. Les révolutions de 1830 et de 1848, la commune de 1871, ont respecté la propriété; les insurgés de 1830, fusillaient ceux des leurs qu'ils surprenaient à piller; la commune n'osa pas prendre à la Banque de

France l'argent qu'il lui fallait et elle eut la puérilité d'établir un mémoire rigoureux de ses comptes
pour les gens qui l'ont fait fusiller.

Certains, quand même penseront qu'il est mal
de proclamer qu'en politique il puisse y avoir une
logique et une morale différente de la logique
et de la morale ordinaires. Ils soutiendront que si
pour convaincre les foules, il faut faire autre chose
que d'exposer simplement ce que l'on croit vrai, il
vaut mieux ne pas les convaincre. Que si pour établir de grands courants d'opinions, il faut sacrifier
des vies humaines, il vaut mieux renoncer à tout
jamais à en établir. Disons honnétement ce que
nous pensons, ne nuisons jamais à personne, et
advienne que pourra diront ces consciences rigides.
Mais par malheur, il n'adviendra rien ; ou plutôt il
adviendra que la victoire sera pour les partis qui
n'auront pas les mêmes scrupules.

Pourquoi penser que la morale traditiónnelle est
préférable à tout ? Si pour réaliser plus de bonheur
social, il est nécessaire de se conduire un temps
contre la morale, je crois qu'on ne doit pas y hésiter. La morale, d'ailleurs, n'est pas en soi, elle est
humaine, et son but est de contribuer au bonheur
humain, si donc dans certaines circonstances le
bonheur humain ne peut être obtenu qu'aux dépens
de la morale c'est que, dans ces circonstances, là
du moins, la morale a tort.

CHAPITRE IV

PSYCHOLOGIE D'UN PARTI

Par parti on entend d'ordinaire l'ensemble des gens professant une opinion ; mais d'une manière plus restreinte le parti est l'association des gens d'une même opinion se réunissant ensemble à des dates fixes. C'est dans cette acception restreinte que nous étudierons le Parti, car la société fermée comporte, on le comprend, beaucoup plus de caractères psychologiques spéciaux que l'aglomérat virtuel des gens professant des vues communes sur le meilleur gouvernement et la meilleure société.

Certains partis conservent l'habitude de soumettre à un examen les personnes qui veulent y entrer ; mais dans beaucoup d'autres on ne prend pas cette peine, soit par paresse, soit parce qu'on craint d'effrayer les adhérents et d'entraver ainsi le recrutement. L'interrogatoire se fait donc peu à peu durant les premiers temps de l'incorporation ; en conversant avec le nouvel adhérent on apprend à connaître ses opinions véritables.

Cette méthode consistant à observer l'adhérent à son insu, est en soi excellente ; elle est même supérieure à l'interrogatoire proprement dit que pratiquent certaines sociétés politiques, car s'il est difficile de dissimuler pendant une demi-heure, plus encore, l'est-il de le faire pendant des mois, de veiller constamment à ses propos, même les moins importants. Mais là, comme ailleurs, l'outil ne vaut que ce que vaut l'ouvrier, et les partis étant recrutés parmi la moyenne des hommes sont à peu près incapables de discerner la sincérité. Le plus souvent, comprenant mal les idées qu'ils ont à défendre, les partisans tiennent surtout à la lettre, aussi quiconque ne s'y attache pas servilement, leur paraît-il suspect.

Outre les conversations, le nouvel adhérent est scruté dans son habitus extérieur et dans sa vie. On note la physionomie, le costume, la façon de se tenir, de se présenter, de réagir vis-à-vis des autres.

Weishaupt dans sa secte des « Illuminés » attachait la plus grande importance à cette observation de l'extérieur et il en avait réglé la méthode. Le frère Insinuant, qui était chargé de la présentation des adeptes, devait envoyer aux chefs de l'organisa-

tion un portrait détaillé de son pupille. Il y notait
la couleur des cheveux, des yeux, toutes les particularités du visage et du corps. Les vêtements, les
manières, la façon de manger, de boire, de dormir,
le développement de l'instinct sexuel, les passions,
la profession, le milieu social, la famille, la fortune, etc., etc. Le fondateur de l'Illuminisme avait
emprunté aux Jésuites cette méthode d'observation.

Certains de ces rapports ont été conservés, et on
y trouve un véritable souci de l'exactitude. Un nouvel adepte qui avait dû faire pour ses supérieurs le
portrait des membres de sa famille, a dit de son
père, que seul l'intérêt matériel était capable de le
faire agir, de sa mère, qu'elle aimait à médire ;
de sa famille que la fortune dont elle faisait étalage, n'avait aucune réalité, etc.

A qui n'a pas saisi l'importance de l'observation
des hommes pour leur direction, cet examen mi-
nutieux de la personnalité de chacun peut sembler puéril. Il sourit à l'idée de ce frère insinuant
contraint par ses supérieurs de passer la nuit auprès d'un néophyte, et de le regarder dormir. Mais,
en réalité, ces observations avaient la plus haute importance et leur unique défaut était que trop par-
faites, elles étaient inapplicables. Seule une société
comme la Compagnie de Jésus, dont les adeptes célibataires vivent ensemble, peut faire à chacun de

ses membres l'honneur d'une fiche aussi détaillée ;
mais dans un parti où le lien est précaire, une pareille méthode est impraticable, elle serait, d'ailleurs,
sans objet. L'observation des gestes et des habitudes est pour bien des points très supérieure aux
interrogatoires et aux conversations. S'il est plus
difficile de dissimuler dans une série de conversations impromptues, que dans un interrogatoire auquel on s'est préparé à l'avance, on comprend combien plus encore serait ardue la tâche de celui qui
voudrait qu'aucun de ses gestes ne traduisit sa vraie
pensée. Aussi, est-ce par les gestes que l'homme se
livre sans s'en rendre compte, surtout par sa physionomie qui est pour ainsi dire un geste permanent. Une habitude un peu grande des hommes
fait juger d'un simple coup d'œil, le degré d'intelligence, de savoir, d'un individu, son caractère,
ses qualités ou ses défauts. Le costume, l'attitude, les manières, l'habitation, sont également
une source précieuse de renseignements. Mais
cette méthode d'investigation si elle est excellente
est aussi hérissée de difficultés, surtout lorsque le
sujet, intelligent et instruit, se donne autant de
peine pour rester impénétrable, que les autres en
prennent à le pénétrer. Souvent telle attitude que
nous ferons entrer en ligne de compte dans notre jugement est toute artificielle, et l'individu l'a
adoptée exprès pour que nous nous fassions de lui

l'opinion qu'il veut que nous nous en fassions. Cependant, lorsque l'observateur est sagace, et que l'observation est prolongée, il est difficile de le tromper, car rares sont ceux qui peuvent être des comédiens assez infatigables pour être sur les planches à tous les instants de leur vie.

Ce que Weishaupt faisait systématiquement, les partis le font d'instinct. Ils sentent combien il est facile à quinconque de dire : « J'ai vos idées, je pense comme vous ; et de répéter avec un ton plus ou moins convaincu ce qu'il entend dire aux autres. » Ils essaient donc de pénétrer la pensée vraie par l'observation de l'extérieur. On note la façon de s'habiller, le genre de vie ; les réactions vis-à-vis des camarades, les gestes, etc. Mais là, comme ailleurs, l'observation est grossièrement menée et presque toujours faussée par l'antagonisme personnel.

La grossièreté, avec laquelle est conduite l'observation des hommes dans les partis, fait que cette observation manque complètement son but. Elle vise à faire de l'organisation une sélection d'hommes supérieurs intellectuellement à la moyenne, animés du désir de faire triompher leurs idées et pleins de courage pour les défendre ; elle n'aboutit qu'à créer des arrivistes préoccupés seulement de plaire à ceux dont ils attendent la satisfaction de leur cupidité. Le type d'hypocrite, qu'on a flétri dans le jésuite, se retrouve en réalité dans tous les partis qu'ils soient de gauche où de droite. Le disciple de Loyola même est plus moral, car il ne trompe que les profanes et dans l'intérêt de son ordre, alors que souvent dans les partis avancés les individus visent beaucoup plus à se servir de leur organisation qu'à la servir.

Les opinions de la masse inorganisée sont tièdes en temps calme, celles des adeptes sont plus ardentes ; l'idée que le simple particulier se borne à soutenir en prenant son café, l'adepte la soutient en allant à des réunions, en payant des cotisations ; si c'est une opinion opposée au pouvoir il la paie parfois de la perte de sa situation, de son travail ou de sa liberté. Mais tout ce que l'adepte gagne en ardeur, il le perd en sincérité. Les hommes politiques dont la force de conviction fait de loin l'admiration ou la terreur des masses, ont l'air à l'intérieur de leur parti de gens sans ardeur aucune. Jamais ils n'ont d'indignation lorsqu'ils parlent des partis adverses. Tel leader socialiste restera froid au récit de la plus flagrante des iniquités sociales ; tel farouche royaliste accueillera avec calme la nouvelle d'un échec d'une réunion de son parti. On dirait que toute la passion des leaders s'évapore dans les grandes assemblées et qu'il n'en reste plus pour l'entourage ordinaire. Il y a à ce fait une raison de psychologie naturelle. Le cerveau humain

ne fonctionne pas toujours à la même pression pour
un même ordre de pensée, plus une idée est fréquemment répétée moins elle ne déchaîne la passion. Les mots « de révolution sociale » qui soulè-
vent l'enthousiasme de l'ouvrier qui ne les entend
prononcer qu'à de rares intervalles, n'entraînent
aucune réaction chez celui qui les écoute et les
profère du matin au soir tous les jours. De même
que les vases sacrés n'inspirent plus aucun respect
au prêtre qui les manie ; de même les exhortations
à la lutte des classes laissent froid celui dont c'est
la profession d'en faire. Une seconde raison psychologique du peu d'ardeur des leaders de parti
tient à ce que pour pouvoir agir sur les masses,
il faut être un peu comédien.

Un maître avec son élève peut, si l'élève est intelligent, se laisser aller à vivre devant lui de sa vie
réelle. Il peut lui montrer l'évolution de son opinion
dans toute sa complexité, avec ses périodes d'enthousiasme et de découragement, de foi et de doute.
Mais devant une foule une semblable attitude ne
pourrait être comprise ; il faut se faire pour son auditoire une personnalité simple et tout d'une pièce ;
il lui faut dire d'une voix vibrante des choses qui
ne le font pas vibrer ; s'indigner de ce qui le laisse
froid, admirer ce qui lui semble banal. Par habitude
l'orateur arrive dès qu'il monte à la tribune à jouer
avec la plus grande facilité toutes ces passions ; à

s'emballer comme il le dit. Mais la longue pratique de ces emballements artificiels arrive à créer en le leader une double personnalité, celle de l'orateur et celle de l'homme et ce dédoublement finit par être en quelque manière de la duplicité, alors même qu'au début de sa carrière l'orateur de parti aurait été un militant sincère.

Ainsi l'homme de parti est le plus souvent un professionnel. Est-ce à dire qu'il soit pour cela un homme perfide, mentant sans cesse à sa pensée ; en aucune façon. Sa conviction est faite tout à la fois d'intérêt, d'ambition et de sincérité, se balançant en des proportions variables. L'esprit humain comporte une part de synthèse et il est difficile à un homme de séparer par des cloisons étanches ses diverses personnalités. Tel entré par conviction dans un parti y devient de par les circonstances un professionnel ; tel autre, entré seulement pour s'y faire une situation matérielle, finit par se prendre à son propre jeu et à croire ce qu'il disait tout d'abord pour plaire. D'ailleurs, on finit toujours par adopter des opinions qui font vivre ; on aime d'abord les idées parce qu'elles peuvent faire réussir et on en arrive à penser que des idées qui ont des propriétés aussi estimables pour soi-même ; ne peuvent être mauvaises pour l'ensemble.

Lorsque le parti est nombreux et puissant les déformations intellectuelles, qu'il fait subir à ses adeptes, sont peu prononcées ; car les idées pour lesquelles il lutte étant répandues par la grande presse ; discutées, approuvées, blamées chaque jour, finissent par être patrimoine commun. Le parti agi sur le public ét le public sur le parti qui ne constitue plus un milieu fermé. Certes l'homme de parti a quand même sa mentalité spéciale ; ses associations d'idées ne seront pas celles d'un physicien ou d'un chimiste, par exemple ; mais leur différence ne tient qu'à la différence dans la spécialité. Les petits partis, au contraire, véritables sectes constituent des milieux spéciaux et entraînent une psychologie spéciale. Peu nombreux leurs membres se voient constamment entre eux et ont des relations de camaraderie. Ils ont même tendance à ne se fréquenter qu'entre eux et lorsqu'un de leurs membres a de trop nombreuses relations en dehors du parti, il devient suspect. La secte en arrive donc vite à adopter des façons de voir communes. Elle adopte d'abord des expressions spéciales ; des mots qu'elle détourne de leur sens usuel pour lui en donner un particulier.

Eu entrant dans une secte on commence donc par s'en assimiler la langue ; de là une première différenciation. Une autre différenciation importante tient au genre de vie qui, dans un petit parti, arrive à être identique entre ses membres. Toute velléité de préoccupation en dehors d'elle étant suspecte, la secte entend accaparer toute la vie intellectuelle et esthétique de l'individu.

Aussi les sectes ont-elles vite fait de tuer en leurs adhérents toute originalité. Les sectaires en arrivent à penser d'une manière identique. Avec un peu d'habitude on peut deviner d'avance ce que dira un libre penseur, un radical, un socialiste, un anarchiste sur un sujet donné. On pourrait croire que cette identité d'idées doive amener l'ennui ; il n'en est rien. L'homme d'une secte en arrive à ne trou_ ver de plaisir qu'en compagnie de ses coreligionnaires. D'ailleurs, si l'identité est réalisée pour ces questions une fois résolues ; il en reste nombre d'autres où on est encore en suspend ; et c'est de celles-là qu'on s'entretient, la discussion y est permise et on se donne la joie d'y faire briller ses qualités dialectiques. Les questions de l'avenir, du parti, de la tactique à observer vis-à-vis des adversaires ; la position à prendre en face du gouvernement, remplissent également les conversations.

Au point de vue intellectuel, la mentalité sectaire est une mentalité inférieure ; la secte met des verres courbes à ses adhérents et en regardant le monde au travers d'elle ils le déforment.

L'action morale des partis sur leurs adhérents est moins forte que leur action intellectuelle, cela se comprend ; car alors que les idées générales sont en quelque manière la récréation de l'esprit ; la con-

duite intéresse directement la pratique. On a remar-
qué depuis longtemps que les religions, les plus
altruistes dans les dogmes qu'elles professent réussissent très mal à améliorer leurs fidèles. Il en est de
même des sectes et des partis qui ont la vertu à leur
programme; ils n'aboutissent qu'à former des hypo-
crites bien autrement dangereux que la masse des
gens dont l'égoïsme est à découvert.

D'ordinaire, les partis politiques laissent la question morale au second plan. Ce qu'ils veulent c'est
conquérir le pouvoir et pourvu que l'adhérent soit
un bon soldat de cette conquête, on ne s'inquiète
pas de sa vie privée. La vie privée n'entre en ligne
de compte que lorsque, à tort ou à raison, on veut
frapper l'adhérent ; alors si l'adhérent est un homme
malhonnête sa malhonnêteté devient le prétexte de
la défaveur que l'on veut lui infliger. En ce cas
d'ailleurs point n'est besoin que l'individu prête le
flanc : si on ne lui trouve pas de tarés on en invente.
La calomnie est tellement inhérente aux partis que
Danton a pu dire que celui qui ne savait pas la
supporter ne pouvait pas être un homme public.

Parmi les sentiments qui animent les hommes de
parti, un des plus importants est l'esprit de corps.

Au point de vue de la raison pure l'esprit de
corps est chose absurde ; il consiste à trouver bien
tout ce qui est et se fait dans son parti et mal, ridicule, stupide ce qui appartient aux partis adverses,

C'est le chauvin qui proclame crétins et haïssables tous les étrangers, le soldat de cavalerie qui méprise profondément le fantassin, l'employé de magasin qui dédaigne les ouvriers d'usine, enfin, toutes les réprobations *a priori* qui ont leur source dans l'intérêt stupidement conçu de la petite collectivité dont on fait partie.

Mais au point de vue pratique l'esprit de corps est excellent, car il donne de la force à l'organisation, aussi un chef de parti ne manque-t-il pas de le susciter parmi ses troupes.

Les sectes les plus fermées n'ont, en réalité, qu'une cohésion relative. Pour tenir les hommes il faut la caserne ou le couvent, ce que fait le parti, la famille intervient à tout instant du jour pour le défaire. Les intérêts personnels opposés détruisent toutes les organisations ; heureusement pour elles ce bête d'esprit de corps est là pour les maintenir tant bien que mal. Aussi dans les partis bien organisés les adhérents qui, portes closes, s'entredéchirent se couvrent-ils mutuellement d'éloges en public.

Tout ce qui vient du parti est juste et bon, le programme en est parfait, les chefs sont des prodiges d'intelligence et d'énergie ; les adhérents des modèles de vertu ; la lutte qu'on y mène contre les autres partis est toujours marquée au coin de la loyauté la plus irréprochable. Le parti adverse, au contraire, a des chefs stupides et corrompus ; ses effectifs sont pris dans la lie de la population ; son énergie est nulle, etc., etc.

Certes, il est déplorable qu'une telle mentalité soit proposée comme modèle aux hommes ; mieux vaudrait leur apprendre à apprécier et à juger avec justice ; à résister aux entraînements de la passion, mais le chef qui voudrait faire ainsi mènerait son parti à la défaite ; car il ne ferait que de la dissolution. Pour conduire bien les hommes, il faut avoir pour eux une bonne dose de mépris et se garder de s'exagérer leur valeur. En rendant justice à son adversaire on porte ses partisans à croire que c'est l'adversaire qui a raison contre soi ; la générosité, dont on fait preuve en mettant en relief des qualités d'un ennemi, n'est pas perçue ; elle ne fait que diminuer en ses troupes l'énergie développée à le combattre.

L'esprit de corps, en outre, retient les individus dans leur parti en flattant leur vanité ; il faut que le partisan se trouve rehaussé à ses propres yeux dans son affiliation à son parti ; le parti doit être pour l'adepte comme une décoration dont il puisse se parer avec orgueil devant les gens qui n'ont pas comme lui l'honneur de lui appartenir. Imprégné de ce sentiment il croit en défendant son parti se défendre lui-même et il le défend d'autant mieux.

Le sectarisme a la même origine que l'esprit de

corps ; comme lui il dérive de l'attachement que
l'adepte se sent pour son parti ; il consiste à ne plus
vouloir rien changer à des doctrines que l'on a une
fois adoptées, alors même que les faits les contredisent. C'est dans les religions surtout que le sectarisme fleurit ; car les doctrines religieuses sont
celles qui évoluent le plus lentement ; mais on le
rencontre également dans les partis politiques.

En dehors de sa foi, le sectaire ne veut rien voir,
ni rien savoir, non seulement parce qu'il pense qu'il
ne peut y avoir de vérité hors de la secte à laquelle
il appartient, mais parce qu'il croirait commettre
un crime de trahison en s'informant. Il pense qu'une
fois entré dans une secte, on a pour devoir étroit
de n'en jamais sortir, de ne jamais modifier l'opinion à laquelle il a une fois adhéré. Aussi instinctivement il se préserve des tentations de changement ;
en évitant avec soin tout contact intellectuel avec
ce qui n'est pas sa secte. Le sectaire n'assiste donc
qu'aux réunions de sa secte, ne lit que les journaux
de sa secte ; et quiconque fait autrement lui apparaît comme un faux frère. Cet état mental n'est
pas seulement restreint à un petit nombre de gens
appartenant à des partis fermés ; il est, au contraire,
très commun.

Néanmoins, l'esprit sectaire est plus intense dans
les petits partis, car, sans influence dans la politique générale, ils ont tout leur loisir de conserver

leur doctrine. Le parti socialiste a été sectaire dans ses débuts. Sa conception de la meilleure société ne semblant à ses adeptes ne devoir se réaliser que dans un avenir très éloigné était bien plutôt une philosophie qu'une opinion. On y avait des termes et des formules spéciaux qui revenaient constamment dans la conservation ; des façons particulières et parfois fausses de voir les choses. A mesure que le parti socialiste grandit le sectarisme s'y perd.

La mentalité sectaire tout comme l'esprit de corps est de mauvais aloi ; car elle va à l'encontre de la recherche de la vérité. L'homme éclairé et intelligent ne doit se priver d'aucun moyen d'information. Se fût-on engagé dans un parti parce qu'on accepte l'objet ; il est toujours permis de n'adopter que celles de ses interprétations que l'on croit justes et de rejeter les fausses. Mais si le sectarisme est mauvais pour les intelligences individuelles, il est excellent pour les collectivités, car il est comme l'esprit de corps un moyen de cohésion. A force de discuter la doctrine de lui trouver des points faibles que l'on rectifie, il finit par n'en plus rien rester. D'abord, en politique, on peut dire que jamais on ne tient la vérité absolue, tel état social qui parerait aux injustices de l'état présent, permettrait par contre d'autres injustices que l'état présent rend impossibles. Rechercher le bien absolu serait donc chimérique et il faut se borner à rechercher le moindre mal ; le système qui tout bien compensé constitue quand même un progrès sur celui qui régit le temps présent.

Le parti qui croit après mûre réflexion, avoir trouvé un régime social désirable se gardera donc de trop le disséquer craignant de le détruire et avec raison il exige de ses membres une bonne dose de sectarisme. En somme, le sectarisme est aux doctrines ce que l'esprit de corps est aux hommes une force de résistance aux forces de dissolution.

Alors même qu'un parti serait formé d'intelligences supérieures, le sectarisme y conserverait son utilité. Très rares sont les gens dont l'esprit soit et soit constamment assez lucide pour conserver intégralement a par soi une doctrine dont il passerait sa vie à discuter les imperfections. Le pouvoir synthétique de notre esprit est bien plus d'ordre sentimental que d'ordre logique. C'est à de bien rares intervalles qu'il nous arrive de faire une revision claire de nos idées, pour déterminer nos opinions ; le plus souvent c'est le présent qui domine et accapare seul notre conscience : aussi à force de ne voir que les points défectueux d'une doctrine, nous finissons par oublier ce qu'elle a de bon et nous l'abandonnons.

On comprend que ce qui est vrai des intelligences supérieures l'est infiniment plus des intelligences

Pelletier   6

moyennes et inférieures qui peuplent les partis. Si vous montrez à un hommé simple le point mauvais de l'opinion que vous partagez en commun, il concluera tout de suite que tout en est mauvais.

Les partis sont rarement unanimes, le plus souvent ils renferment des divisions ou tendances qui sont au nombre de trois ; la droite, la gauche et le centre ; les modérés, les exaltés et ceux qui sont entre les deux.

Naturellement ces divisions sont dissolvantes ; elles engendrent parfois des haines farouches, mais elles font aussi la vie des partis. Un parti dont la doctrine est unifiée et fixée se dessèche et meurt faute d'intérêt.

Dans les assemblées qui réunissent les tendances diverses le choix du président est très important, aussi chaque tendance fait-elle son possible pour faire désigner à la présidence de l'assemblée l'un des siens. On pourrait penser que déjà le choix du président doit montrer de quel côté sera la victoire, puisqu'il doit être désigné par la majorité, mais comme seuls votent les membres présents et que nécessairement le vote a lieu au début de la séance ; il peut se faire que les membres de la majorité étant arrivés tard le président soit nommé par la tendance en minorité.

Lorsque la minorité est énergique elle ne manque pas d'ailleurs de saisir ce moyen d'avoir un président de son choix. Le jour ou la veille de la séance les chefs de file vont trouver à domicile leurs soldats et les incitent à arriver avant l'heure ; mais le plus souvent cette manœuvre ne réussit pas, car les ardents qui la tentent se heurtent à l'inertie des hommes. Rares sont ceux capables du petit effort consistant à dîner plus rapidement ou à se passer de dîner pour permettre de donner à sa doctrine une chance de victoire.

Si les hommes étaient loyaux et sincères le choix du président aurait beaucoup moins d'importance, car son rôle se bornerait à donner à tour de rôle la parole à ceux qui la demandent et à la fin à résumer en quelques phrases bien claires les diverses opinions émises ; mais comme à droite et à gauche on manque de loyauté ; il s'agit de choisir un président capable de commettre le plus possible d'injustices sans qu'on s'en aperçoive par trop.

Une habileté présidentielle consiste à éliminer autant que possible la tendance opposée en empêchant ses orateurs de parler. Si l'adversaire qui demande la parole est un chef écouté, le président ne peut l'éliminer et il serait maladroit en essayant de le faire, car l'intéressé, sûr d'avoir l'appui des siens, ne se gênerait pas pour renouveler hautement sa demande et accuser le président de partialité ; mais s'il s'agit d'un simple soldat ou d'un homme timide qui n'ose pas faire passer dans sa demande de parole toute la vigueur de ses poumons, le président fait semblant de ne pas l'entendre ; en général, cela réussit toujours, car l'homme timide n'est pas soutenu même par ses coreligionnaires ; ceux-ci préférant le plus souvent le plaisir d'empêcher un camarade de prendre de l'influence en parlant à la victoire de leur opinion. Si le président est pris dans la minorité et qu'il soit sûr que le vote final ne puisse que sanctionner la défaite des siens ; il fait alors durer la discussion en laissant parler tout le monde ; en fin de séance il déclare qu'il n'y a plus de temps pour voter ; cela permet de reporter la bataille à une autre fois et de courir ainsi à nouveau la chance d'une meilleure salle.

Si les hommes étaient probes et loyaux le devoir du président devrait être de répandre sur les questions, lorsqu'il les résume le plus de clartés possible, mais comme il n'en est pas ainsi son devoir d'homme de tendance est, au contraire, de les embrouiller à plaisir lorsqu'il se voit en minorité. Il feint donc de ne pas comprendre, et mêle autant qu'il le peut les arguments de tendances diverses. Etant donnée la rareté des esprits, suffisamment lucide pour apercevoir nettement les points où l'opinion est partagée, cette manœuvre réussit très souvent. Les assistants ne sachant plus ce qu'ils votent, votent contrairement à leur opinion, et donnent la

victoire à l'adversaire. Lorsqu'une tendance est
puissante et organisée cependant, ces éventualités
ne se produisent pas, car les chefs sont là qui
veillent. Si les troupes ne voient pas les manœuvres
des adversaires, les chefs les voient, et au moment
du vote les regards se tournent vers eux et les
mains se lèvent avec la leur. Aussi le rôle du chef,
est-il très important, souvent la tendance ne vaut
que ce qu'il vaut ; s'il manque d'énergie ou de
clairvoyance, la doctrine est vaincue ; s'il possède
ces deux qualités, elle a la victoire.

Il ne faudrait pas croire cependant que le rôle
du président soit tout de machiavilisme, il y faut
des qualités qui sont compatibles avec la loyauté.
La puissance d'attention qui permet d'écouter constamment sans se distraire toute la discussion ; l'audace par laquelle il n'hésitera pas à arrêter un orateur trop long, afin de faire tenir les débats dans le
temps qu'on a résolu de leur consacrer sans leur
enlever de leur ampleur ; enfin, le prestige ou autorité personnelle.

CHAPITRE V

LE CHEF DE PARTI

Ce sont le plus souvent les circonstances qui portent un homme à la tête d'un parti. Aussi le chef de parti n'est-il pas nécessairement un homme supérieur. Néanmoins, la fonction de par sa nature même lui confère des qualités mentales et morales qui l'élèvent pour ainsi dire au-dessus de lui-même.

Toute chose égale, d'ailleurs, le chef de parti est hardi ; habitué d'être écouté, obéi, il donne ses ordres, proclame ses opinions avec la plus grande assurance. La hardiesse du chef vient aussi de la haute opinion qu'il a de lui-même, et cette haute opinion il la tient également de sa fonction.

On peut, il est vrai, tout en étant obscur, croire

en soi, c'est le fait de la vanité si cette croyance est
mal fondée d'un orgueil légitime, dans le cas contraire ; mais dans l'obscurité la croyance en soi
donne rarement de la hardiesse, car on craint les
réparties cruelles des autres.

Mais à la tête d'un parti on n'a pas cette crainte,
car on est sûr de la bonne appréciation des gens
qui vous y ont porté. Cette certitude autre qu'elle
donne de la hardiesse, augmente la bonne opinion qu'on a de soi-même. Ainsi que nous l'avons
dit à propos du grand homme, il est bien difficile de ne pas se croire supérieur, alors que
constamment on proclame notre supériorité.

La hardiesse et la croyance en soi sont de puissants dynamogènes : aussi les fonctions de chef de
parti constituent-elles un stimulant vigoureux de
l'intelligence. A potentialité égale un chef de parti
est plus intelligent qu'un autre homme; son cerveau travaille constamment à haute préssion, par la
nécessité où il est de se faire honneur.

La part de réaction de la fonction de chef de parti
sur l'individu qui l'exerce est donc énorme et très
souvent comme nous l'avons dit, elle vient des circonstances. Sans la révolution, et surtout sous la
décadence du directoire, Napoléon réalisant l'idée
qu'il avait conçue de se faire marchand de meubles
ne fut pas devenu au point de vue intellectuel
l'homme qu'il a été. Mais naturellement l'apport

personnel a aussi une grande importance sans quoi tous les chefs de parti s'équivaudraient, et l'observation nous montre, au contraire, qu'il y eu a de supérieurs et de médiocres.

Le courage également fait partie de la psychologie du chef de parti, et cette qualité peut être entièrement due à la fonction qui la confère à l'individu. Un chef de parti, en effet, n'a pas le droit d'avoir peur, tout au moins s'il a peur, il doit par l'effort de sa volonté le dissimuler aux autres. En temps calme il doit, à l'occasion, savoir affronter un auditoire hostile. Dans une époque agitée il lui faut savoir rester impassible devant une foule menaçante. Enfin, dans une crise révolutionnaire ; alors qu'il s'agit pour son parti de conquérir le pouvoir, le chef doit savoir faire face à des événements terribles et courir le risque de son existence sans laisser paraître de trouble.

En politique, en effet, le courage est très hautement apprécié plus hautement que l'intelligence. Montaigne, qui maire de Bordeaux, abandonna cette ville alors qu'elle était frappée de la peste, par crainte de la contagion, ne nous semble pas amoindri de cet acte de couardise. Dans ses *Essais* il avoue loyalement tenir par-dessus tout à son existence et il ajoute avec esprit qu'il ne craint rien hormis le danger. Cela ne le déprécie en aucune façon aux yeux des lettrés, car pour eux la qua-

lité maîtresse, c'est l'intelligence et le courage n'est,
au contraire, qu'une vertu d'ordre inférieur. Mais
en politique, c'est le contraire qui a lieu et cela est
juste ; car si la science, domaine spéculatif, peut se
passer de valeur, il en faut à la politique, domaine
de l'action.

Parmi les facultés intellectuelles du chef de parti,
celle qui prédomine est la rapidité de la conception.
Alors que le savant peut, comme Newton, arriver à
faire une grande découverte « en y pensant toujours », le chef politique doit tout de suite comprendre une situation donnée et savoir comment y
répondre. Le problème résolu, il peut, autant qu'il
le veut, se laisser aller à la paresse, passer son
temps à des futilités ; ce qu'il faut, c'est seulement
qu'il puisse être capable, au moment opportun, de la
clairvoyance nécessaire.

On est parfois étonné que des hommes de science,
très appréciés dans la spécialité qu'ils étudient,
échouent complètement lorsqu'ils s'adonnent à la
politique. Cela tient en partie à ce que la rapidité
de l'idéation leur fait défaut ; soit qu'ils ne l'aient
pas reçue de la nature, soit qu'ils n'y aient point été
entraînés ; car dans une certaine mesure la vitesse
de la pensée, comme toutes les autres facultés, s'ac-
quiert par l'exercice. Certains savants, cependant,
la possèdent, alors ils peuvent devenir, pourvu
qu'ils le désirent et que les circonstances y pré-

tent, des politiques éminents, tel François Arago.

Il ne faudrait pas croire que cette rapidité de la conception fasse les hommes politiques supérieurs aux hommes de science et aux philosophes ; car souvent ce que le chef de parti ou d'État gagne en rapidité, il le perd en profondeur. La quantité de questions qu'il doit envisager fait que, nécessairement, il reste superficiel ; il prend d'un sujet juste ce qu'il lui en faut pour trancher le problème en suspens et il ferme son esprit à tout ce qu'il en reste.

Le chef de parti est rarement bon, c'est chez les grands politiques qu'il faut aller chercher le surhomme de Nietszche, qui est inaccessible à la pitié et a pour devise : « Soyez durs. » Cette dureté de cœur peut être naturelle, mais le plus souvent elle est acquise comme la hardiesse, comme la rapidité des conceptions, c'est la fonction qui la crée. Le médecin voit sans être ému souffrir et mourir ses malades ; lorsqu'il est consciencieux, il fait ce qu'il peut pour écarter la mort, pour alléger la souffrance, mais le spectacle de l'agonie d'un client ne l'empêche pas, sa visite terminée, de se réjouir avec ses amis ; heureusement, car alors la profession de médecin serait intenable.

Or, l'habitude qui ainsi cuirasse le médecin devant la douleur physique, cuirasse le chef politique devant la douleur morale, le chef militaire devant la mort violente.

En outre, le fait même de voir passer devant ses
yeux un très grand nombre d'hommes donne au
chef politique le grand mépris de l'humanité.
L'homme obscur, qui ne connaît que quelques personnes, juge seulement tel et tel, mais le chef du
parti arrive à se faire une conception de l'homme
moyen, et elle est plutôt désavantageuse. Très vite,
il se rend compte de ce que valent les hommages,
les admirations, les protestations de dévouement et
d'éternel amour. A les voir se régler à l'étiage de sa
puissance, il se rend compte combien peu elles sont
sincères. Il sait que ce que l'on aime en lui, ce que
l'on admire, c'est seulement son pouvoir, et que ce
pouvoir, s'il a le malheur de le perdre, entraînera
dans sa chute les amitiés, qui même se transfor-
meront en inimitiés. On se vengera d'avoir courbé
le front en jetant des pierres. Aussi, convaincu que
l'on ne fait que spéculer sur lui, le chef spécule sur
les autres et les tient seulement pour des instru-
ments au service de son ambition ou de ses idées ;
le plus souvent, lorsqu'il s'agit vraiment d'un
homme supérieur, des deux à la fois.

Mais ce mépris qu'il a des hommes, le chef de
parti n'a garde de leur faire deviner, car alors il
perdrait son pouvoir. Il fait semblant, au contraire,
de les tenir en grand estime, et avec ses collabora-
teurs directs il joue la comédie de l'amitié.

Car pour tous, le chef doit paraître bon ; aussi

revêt-il son cœur de bronze des aspects de la sensibilité et de la clémence.

> Soyons amis, Cinna, c'est moi qui t'en convie,

fait dire Corneille à Auguste. Cinna a conspiré contre Auguste, il a pu même chercher à attenter à sa vie; mais qu'importe, le chef, dans sa magnanimité, pardonne tout; c'est même lui qui offre le pardon. Napoléon, qui voyait avec plaisir cette pièce, disait que la clémence d'Auguste était simulée par pure politique, autrement Auguste eût été un homme de petites vertus, et par suite indigne d'exercer la puissance.

Louise Michel fit montre d'une magnanimité pareille en refusant de porter plainte contre un homme qui avait tiré sur elle et lui avait logé une balle dans l'oreille; l'individu, disait-elle, était irresponsable, il avait agi sous l'empire de préjugés. Lorsqu'elle me raconta le fait, j'eus d'abord un mouvement de colère, je ne pouvais comprendre que l'on manquât à ce point de défense; que faire alors à ses amis si l'on traite ses ennemis avec cette mansuétude? Ne pas châtier le mal, c'est décourager le bien. Mais je réfléchis que si, en effet, pour qui n'est qu'un particulier, la meilleure conduite est de rendre le bien pour le bien et le mal pour le mal, pour l'homme en vue, il y a parfois plus d'intérêt à se créer devant tout un peuple une réputation d'extrême bonté que de satisfaire une vengeance, si légitime soit-elle.

Soyons amis, Cinna...

Toujours, d'ailleurs, le chef de parti a besoin de tempérer aux yeux du public le sentiment de crainte qu'inspire sa puissance par une réputation de bonté. Les garibaldiens rapportaient avec complaisance maintes anecdotes sur la pitié de leur chef pour les animaux. L'histoire de Garibaldi se levant la nuit pour aller à la recherche d'un chevreau familier qui s'était égaré, a fait très bien dans le public. De tels faits amendaient la réputation d'homme de sang qu'avait le vainqueur de la Sicile.

Dur par nature ou par nécessité, tendre en apparence ; le chef de parti est nécessairement un peu faux. On ne saurait l'en blâmer, car cette duplicité est aussi une nécessité de sa fonction.

Constamment, en effet, le chef politique doit mentir.

Vis-à-vis du public, il exagère le nombre de ses partisans, revêt l'ordre qu'il dirige d'une puissance qui lui fait défaut. *A priori* on est tenté de blâmer ces organisations qui constamment, suivant une expression importée d'Angleterre, font du bluff ;

mais en réalité, ce bluff est nécessaire, indispensable aux progrès des partis.

Les hommes, en effet, se laissent difficilement entraîner par la seule légitimité du but poursuivi. Pour les avoir, il faut non seulement leur dire que l'on possède la vérité, mais aussi, mais surtout que cette vérité est comprise, acceptée déjà par un très grand nombre de personnes. Tel qui hésiterait, qui refuserait même d'entrer dans un parti qu'on lui avouerait ne comprendre que cent adhérents, s'y affiliera sans hésitation si on lui dit qu'il en comprend cinq cents. Une fois entrée, il est vrai, la recrue finit par s'apercevoir du subterfuge, mais il est trop tard déjà le parti a réussi à se l'attacher par d'autres moyens et le plus souvent elle reste.

Le bluff sur la puissance d'un parti a la même utilité que le bluff sur le nombre. On mène les hommes beaucoup plus avec des intérêts qu'avec des idées abstraites ; aussi lorsqu'on sait ne pouvoir rien leur donner, faut-il tout au moins leur promettre.

Alors même que le néophyte comprend la justesse d'une cause ; il faut aussi qu'il croit trouver dans le parti qui la soutient, protection, honneur et profit ; autrement, il préférera rester chez lui et ne servir la cause que de loin. Weishaupt disait, que ce sont surtout les partis faibles qui ont besoin d'exagérer ainsi leur force, les partis forts, au contraire, dit-il, doivent la dissimuler, à la fois parce qu'ils ont moins besoin de recruter ; et parce qu'il faut endormir dans une sécurité trompeuse les partis adverses. Le gain qu'un parti fort acquiérerait en s'exagérant, ne vaudrait pas la perte qu'il risquerait d'encourir en donnant l'éveil à l'adversaire.

Outre qu'il trompe sur ses effectifs, le chef ment sur les faits et gestes de son parti qu'il lui faut présenter avantageusement au public.

Si le chef s'applique à bien présenter son parti à plus forte raison tâche-t-il à se bien présenter lui-même, à propager sur sa personne des légendes susceptibles d'accroître son prestige.

Napoléon (1), qui se montra grand psychologue des foules, arrivait par des artifices à persuader ses soldats qu'il avait une mémoire hors de pair et les connaissait tous par leur nom.

Alors que comme les autres hommes il dormait chaque jour de 6 à 8 heures, il faisait accréditer par le populaire qu'il était capable de dormir ou de rester éveillé par le seul effet de sa volonté.

Chez les peuples primitifs, on a besoin de prêter aux conducteurs d'hommes une puissance occulte ; de croire qu'ils conversent avec les êtres surnaturels. Au XVIIIe siècle même, ce siècle du scepticisme, Cagliostro, qui était à la fois un chef de secte et un charlatan, réussit à se rendre populaire dans les classes les plus élevées en prétendant avoir trouvé

(1) Et Frédéric le Grand.

la pierre philosophale. De nos jours de tels moyens manqueraient leur but ; mais il y a avantage pour celui qui a réussi à se faire écouter de la masse à la persuader que même dans son humanité matérielle il est différent des autres et supérieurs à eux.

Vis-à-vis de ses subordonnés, le chef garde une certaine distance, car pour la même raison qui fait que nul n'est prophète en son pays, on n'est malaisément obéi de ceux avec lesquels on est familier.

Cacher avec soin ses faiblesses, exalter ses vertus, se faire accroire celles qu'il n'a pas, paraître toujours assuré de son grand pouvoir, voilà ce à quoi s'applique le chef qui est de par sa situation toujours « sur les planches ». Cette comédie de tous les instants doit être pénible ; mais elle ne peut être que salutaire pour celui qui doit s'y astreindre ; à force de jouer le personnage que l'on veut paraître, on finit par l'être un peu en réalité.

L'effort constant que le chef fait sur lui-même vise, nous l'avons dit, à accroître son prestige, qu'est-ce au juste que ce sentiment.

Bien des gens se font du prestige une idée métaphysique. Ils y voient une manière de fluide magnétique, au moyen duquel l'homme suggestionne les foules ; en réalité, le prestige a des origines beaucoup plus simples, il est l'admiration mêlée de crainte que la faiblesse éprouvè en présence de la force.

Qui inspire de la crainte a du prestige; c'est pourquoi l'homme grand est plus prestigieux, toutes choses égales d'ailleurs que le petit; le fort que le faible. Dans les partis populaires où souvent les discussions dégénèrent en pugilat, l'homme musclé a toujours quelque prestige. Dans l'ordre social la richesse donne du prestige, même à l'intérieur d'un parti populaire, car elle est une puissance que les hommes craignent sans toujours réfléchir. Enfin, c'est aussi dans une grande mesure la crainte qui fait que le chef de parti a plus de prestige que le simple adhérent.

L'admiration est, nous l'avons dit, un élément du prestige; mais bien moins puissant; vaincu Napoléon n'avait plus de prestige et cependant il n'avait pas perdu il s'en fallait toutes les qualités qui l'avaient fait admirer. Gustave Lebon cite le trait de ce général qui rougissait comme un écolier lorsque Napoléon lui tirait amicalement les oreilles. Napoléon n'a pu manier ainsi les hommes qu'autant qu'il a été victorieux.

L'assurance donne du prestige, car elle aussi évoque la force; sans raisonner on se dit que celui qui ordonne d'un ton décidé doit avoir un moyen quelconque de forcer l'obéissance et souvent on obéit alors même que le moyen n'existe pas. Mais il

(1) *Psychologie des foules.*

est rare qu'un homme puisse tenir longtemps dans une semblable attitude ; les gens auxquels il a affaire arrivent vite à savoir la vérité et le prestige est évanoui.

Mais bien qu'essentiellement matérialiste dans sa base, le prestige comme tous les sentiments exaltés s'idéalise à un point tel qu'il échappe à la raison. Les soldats qui criaient vive l'Empereur en mourant sur les champs de bataille, n'avaient évidemment plus rien à craindre de lui. Aussi Napoléon, disait-il, d'eux qu'ils étaient « vraiment bêtes » sublime bêtise.

Lorsque le chef de Parti est en même temps un chef d'école, il impose sa volonté à ses disciples à la manière simple d'un chef d'armée. Le chef de parti qui n'est qu'un homme politique a une autorité un peu différente, mais elle est loin d'être nulle.

Bien que ce soit en lui obéissant le chef politicien commande quand même à la foule. Il prend dans les événements ce qu'il lui faut pour mener la masse où il veut la mener. On peut dire même que l'autorité exercée de cette façon demande beaucoup plus de sagacité, que celle exercée à la manière simple et directe d'un chef d'école, il lui faut savoir composer sa volonté d'éléments recherchés dans la volonté des foules et faire agir ainsi d'après soi tout en laissant persuader que l'on agit d'après autrui. Mais cette difficulté est telle qu'en réalité, il ne se rencontre pas de chef, parvenant à allier la faculté de

marcher avec l'opinion ; à une volonté personnelle
définie, et bien résolue de parvenir à des fins précises.
Le chef de parti n'a on peut dire toujours que des volontés et non une volonté ; grâce à son habileté il peut
à de certains moments utiliser du courant d'opinion
qui le sert pour annihiler celui qui est opposé, mais
toujours il arrive à être emporté, c'est-à-dire en fin
de compte à n'être qu'un meneur mené. Lorsque je
rentre en moi-même, disait un jour Clémenceau, et
que je me demande ce que j'ai accompli ,ce que j'ai
ajouté dans ma vie déjà longue au progrès social ; je
me dis que je n'ai rien fait. Personne, d'ailleurs, ne
peut rien faire.

Serait-ce à conclure, comme le font certains, que
l'influence des chefs de parti et plus généralement
de tous les hommes qui ont marqué dans l'histoire
soit nulle : et que seuls les événements mènent tout.
En aucune façon.

Ceux qui pensent ainsi oublient que les phénomènes sociologiques ont leur cause dans les phénomènes psychologiques ; sans les hommes, il ne saurait y avoir d'événements historiques. Mais pour
beaucoup d'esprits, tout ce qui dépasse les personnalités individuelles prend figure métaphysique,
on parle des événements comme de catastrophes
assimilables aux cataclismes cosmiques, et comme
eux se tenant en dehors et au-dessus de l'humanité.

La vérité est que les événements historiques ont une origine toute humaine ; seulement comme des millions d'êtres humains vivants et morts contribuent à leur éclosion, il est bien difficile dans ce grand nombre de déterminer ce qui en revient au juste à chacun si grand soit-il.

Mais on peut dire quand même que les grands hommes portés au commandement influent plus que les hommes médiocres et moyens perdus dans la masse. Presque toujours ce sont les événements eux-mêmes, surtout en politique, qui font éclore les grands hommes, mais à leur tour, les grands hommes influent sur les événements. Tant que la grande révolution eut à sa tête des hommes supérieurs comme Danton, Marat, Robespierre, Saint-Just ; elle se maintint et triompha ; lorsque ses hommes furent détruits et qu'il ne resta plus que des médiocrités avides de jouir et s'entredévorant entre elles pour le lucre ; elle fut vaincue et périt.

Entre un chef de parti au pouvoir et une situation politique il y a, en réalité, interdépendance ; certes, la situation lui commande plus qu'il ne la dirige ; mais il la dirige toujours un peu.

Dans les partis avancés d'aujourd'hui on nie l'utilité des chefs.

> Il n'est pas de sauveur suprême
> Ni Dieu, ni César, ni tribun
> Peuples, sauvons-nous nous-mêmes.

Chante, l'*Internationale*, la *Marseillaise des ou·
vriers*. Certes, il arrive souvent que les sauveurs su-
prêmes perdent les peuples au lieu de les sauver par
incapacité ou par ambition ; mais il est impossible,
d'autre part, à une collectivité aux millions de volontés
éparses et divergentes de se sauver elle-même. Dans
les époques troublées la dictature est nécessaire et les
révolutions de l'avenir auront comme celles du passé
leur chefs indispensables ; le dénigrement systématique de la foule jalouse n'aura d'autre résultat que de
leur enlever leur ardeur à soutenir des gens si peu
appréciateurs du mérite et de l'effort. Les mémoires,
que Jules Vallès a écrits sur la commune (1), nous
donnent un spectacle désolant de cette jalousie de la
masse pour les supériorités même estimées. Elle éle-
vait, sur le pavois ses hommes favoris, puis en-
vieuse de leur élévation, elle refusait de leur obéir
et inutiles ils tombaient d'eux-mêmes. Ce n'est qu'une
fois tombés que les pardonnant, elle leur refaisait
confiance. Le résultat a été l'effroyable écrasement
que l'on sait.

(1) JULES VALLÈS : *L'Insurgé*.

CHAPITRE VI

LES DEUX CLASSES DE LA SOCIÉTÉ PRÉSENTE

A ne considérer que les apparences, on pourrait croire que la révolution de 1789 ait effectivement aboli les classes et qu'il n'y ait plus que des inégalités individuelles. Au dire des défenseurs du présent régime tout est accessible à tous.

Le lycée est différent de l'école primaire, l'enseignement y est plus complet, l'esprit tout autre. Mais son accès n'est fermé à personne ; tout le monde peut y mettre ses enfants ; seulement il est cher et comme tout le monde n'est pas riche, force est bien à qui n'a pas l'argent nécessaire de se contenter de l'école primaire. Ainsi la supériorité de la République sur la monarchie consiste surtout à être un régime plus habile. La monarchie ancienne proclamait brutalement les castes ; la République les nie, mais elles n'en existent pas moins.

Il serait exagéré de dire qu'entre les classes les
barrières soient absolument infranchissables, elles
ne l'ont, d'ailleurs, jamais été. Entre le peuple et la
bourgeoisie il y a une classe intermédiaire. Cela n'empêche pas les différences entre la classe dirigeante
et le peuple d'être telles qu'elles atteignent même l'a-
natomie ; les deux classes sont presque deux races.

« Si vous faites de votre fils un ouvrier, fait dire
Alphonse Daudet à un de ses personnages (1) ; vous
vous séparerez de lui à tout jamais ; il sera plus
loin de vous que s'il était en Chine, en Australie ;
car de ses pays lointains on peut correspondre,
entre deux classes, on ne correspond pas parce
que l'on ne se comprend pas. »

L'homme des classes dirigeantes est grand en
moyenne, Paul Broca qui avait mesuré comparativement la taille de ses internes et de ses infirmiers
trouva que les infirmiers étaient plus petits que les
internes. Son crâne est plus volumineux aussi que
le crâne de l'homme des classes pauvres même abs-
traction faite de la taille. Sa musculature est plus
forte ; c'est à tort que certains artistes opposent parfois dans leurs œuvres un homme du peuple athlé-
tique à un petit crevé aristocrate ; il y a certainement des ouvriers à musculature puissante, mais en
moyenne c'est le bourgeois qui est le mieux musclé.

(1) A. DAUDET, *Jack.*

Dans ses allures, l'homme des classes dirigeantes est aisé ; l'habitude de commander à des ouvriers, à des domestiques et de le prendre de haut avec eux fait qu'il n'est pas timide. Partout il est chez lui ; se comporte comme si tout était créé pour le servir ; chez les fournisseurs comme devant le guichet du petit fonctionnaire, comme dans le cabinet du préfet ou du ministre ; comme sur le banc des accusés même, il se comporte comme un homme qui, habitué à ce qu'on lui obéisse et le serve, attend d'être obéi et servi.

Facile, le débit du riche est également correct ; cela va de soi, car il possède une bonne instruction, ont doit dire, cependant, que la correction du langage est beaucoup plus le fait du milieu que le fait de la grammaire. On parle comme on entend parler ; le jeune homme d'origine populaire qui a conquis tous les diplômes parle moins bien que le jeune bourgeois à qui on n'a jamais pu faire passer un examen ; parce qu'il vit dans un milieu où l'on parle bien, alors que le jeune homme pauvre vit dans un milieu où l'on parle mal.

Les deux classes se reconnaissent également au costume. Outre que le riche a, cela va de soi des habits plus chers et de meilleure qualité ; la coupe en est autre. Les paletots, les pantalons, les chapeaux, les chaussures, n'ont pas la même forme selon qu'ils sont destinés à l'une ou à l'autre classe, chacune, en effet, a ses magasins attitrés et il est bien rare que la clientèle se trompe.

Très docilement l'une comme l'autre classe accepte son uniforme, le dirigeant en est fier et ne voudrait pour rien au monde déchoir en s'habillant comme un homme du peuple. L'homme et la femme du peuple, par un sentiment complexe, fait de crainte d'exciter l'envie ; d'amour propre de classe et de haine des riches refusent de s'habiller en bourgeois.

L'homme des classes élevées est en moyenne beaucoup plus intelligent que le pauvre. D'abord il est plus instruit et jusqu'à sa mort il continue d'apprendre ; car même les riches qui lisent peu, lisent plus que les pauvres et la littérature qu'ils ont à leur portée est meilleure. En outre, à tout instant il est donné aux riches de coudoyer les hommes supérieurs de leur classe et à ce contact ils gagnent. Enfin, le riche a une expérience beaucoup plus étendue que le pauvre ; par ses voyages sa familiarité avec toutes choses. Pour le pauvre, le Ministère, la Chambre des Députés, l'Institut ne sont que des mots recouvrant des abstractions fort vagues ; le riche s'en fait une idée concrète parce qu'il les voit souvent fonctionner.

Son cerveau a donc pour travailler, et comparativement au cerveau du pauvre un nombre immense de matériaux ; et de plus il lui faut sous l'aiguillon de son milieu les renouveler et les raviver sans cesse. Le pauvre savoir, acquis par l'enfant du peuple à l'école primaire, est vite oublié, parce que jamais plus dans son entourage, on ne lui parlera histoire, géographie, instruction civique. A tout instant, au contraire, dans les classes riches il est question en conversation de telle ou telle époque historique, de tel point géographique, de tel rouage du mécanisme gouvernemental, de tel personnage littéraire. Certes, les conversations de salons sont le plus souvent très superficielles, les savants et les philosophes rient sous cape de la façon dont leurs théories et leurs systèmes y sont exposés et compris, mais telle quelle l'intellectualité de ces salons brille comme un phare à côté des pauvres lanternes du cabaret où la classe ouvrière se réunit pour causer en même temps que pour boire.

La différence de milieu est le facteur capital de l'inégalité intellectuelle des deux classes; c'est à cause d'elle que tous les efforts pour instruire les ouvriers adultes resteront lettre morte tant que les classes ne seront pas nivelées. L'instruction donnée à l'ouvrier n'augmente que peu son intelligence, parce qu'il n'a jamais l'occasion de s'en servir. Elle reste en lui comme une chose morte qui vite disparaît à l'égal d'un organe qui n'a pas son emploi. Parfois, l'occasion le mettant en présence d'un intellectuel ; le désir d'être considéré la lui fait sortir

et il ressemble alors un phonographe ; on sent que
tout ce savoir n'est pas à lui.

A priori il n'y aurait aucune raison pour que le
riche soit moins bon que le pauvre. Le développement des sentiments va de pair avec celui de l'intelligence ; le civilisé, est meilleur que le sauvage ;
lequel dans sa férocité est plus pitoyable que l'animal. Mais l'œuvre de l'éducation bourgeoise consiste
essentiellement à étouffer dès la petite enfance tout
sentiment altruiste. On apprend à l'enfant qu'il ne
faut pas se laisser aller à ses impulsions, mais réfléchir toujours avant de parler et ne dire que ce qu'il
faut dire. Le résultat de ce dressage n'est pas mauvais en soi, car en mettant de la délibération partout, il endigue les mauvaises impulsions à l'égal
des bonnes. L'ouvrier qui dit tout ce qui lui vient
lâchera une brutalité, plus souvent qu'un mot aimable. Mais en thèse générale le dressage bourgeois
est mortel aux bons sentiments, car il est toujours
orienté dans le sens du calcul égoïste.

L'ouvrier fraternise volontiers avec les inconnus ;
certes, son altruisme n'ira pas jusqu'à leur ouvrir sa
bourse, mais en présence d'un autre homme il est
porté à lui parler, au besoin à le renseigner, à se
montrer bienveillant.

Dans la bourgeoisie on sent que l'homme est un
loup pour l'homme ; dans les chemins de fer, les
voitures publiques, au spectacle, à la promenade,

on ne se parle pas, lorsqu'on ne se connaît pas.
Pour faire tomber le masque de glace dont chacun
se revêt; il ne faut rien moins que la nouvelle
brusque d'une calamité publique; l'homme des
classes dirigeantes doit se sentir en danger pour se
départir un moment de sa morgue égoïste; il
la reprend vite dès qu'il est rassuré.

La froideur extérieure de l'homme des classes
élevées ne ment pas; elle correspond au trait dominant de son caractère qui est la dureté et l'égoïsme.
Gagner de l'argent le plus possible, ne pas en
dépenser inutilement, tel est l'objectif principal
auquel il subordonne toutes les autres considérations.

Toutes les conversations des étudiants, lorsqu'elles
ne portent pas sur les plaisirs des sens, sont remplies
de ce mot qui en forme comme la base; la *situation*,
faire sa situation. C'est pour acquérir cette situation
qu'on se bourre de sciences ou de littérature, que
l'on passe les nuits lors des examens; que parents
et amis remuent ciel et terre à la poursuite des fameux « pistons » sans lesquels, malgré tout le travail et un mérite réel, elle serait impossible à décrocher. Aussi en dehors des matières strictement
obligatoires pour l'obtention des diplômes, l'étu-
diant ne s'intéresse à rien; ne lit rien, pas même un
journal parfois. Les réunions politiques, les confé-
rences scientifiques ou littéraires qui fourmillent au

quartier latin de Paris, ont un public uniquement formé d'étrangers, de petits rentiers âgés venant s'y distraire.

Les plus grands savants et philosophes ; les Claude Bernard, les Renan, les Broca ont parlé des années devant un auditoire de vieilles gens somnolents ; car la jeunesse des écoles ne se délasse du travail proprement dit que pour aller au café tenir d'insipides propos.

On ne saurait imaginer combien ceux qu'on appelle les « intellectuels » le sont peu. Leur culture n'est qu'un bourrage, qui n'influence en rien leur vie, laquelle ne s'élève jamais au-dessus d'un commun très plat. Peu ou pas d'esprit dans les chansons de salle de garde d'internes en médecine, des officiers de l'armée et de la marine, des polytechniciens, des normaliens, etc., etc. seulement des mots orduriers, reflétant des préoccupations bestiales. Aussi, est-on étonné lorsqu'on est mis en présence d'élèves de ces « grandes écoles » si vantées ; de ne trouver sauf exceptions bien entendu qu'un pédant gonflé de prétention, ou un jeune garçon, gentil, mais insignifiant.

Pas d'idéal dans la bourgeoisie. L'idéal religieux est d'un autre âge ; le riche ne croit pas, et lorsqu'il pratique c'est uniquement pour soutenir le clergé et donner l'exemple aux classes pauvres. Il pense que la religion est un frein social, que la croyance à

Dieu, et à la vie future empêchent les pauvres de fomenter des révoltes pour s'emparer de ses biens.

D'idéal politique, il n'en a pas davantage par la bonne raison, que l'idéal suppose l'altruisme, et qu'il est égoïste. En le gouvernement, il voit un chien de garde plus fort que le clergé ; il le soutient donc, mais sans enthousiasme.

Il existe, il est vrai, une forme d'idéal qui est faite d'égoïsme, c'est l'ambition ; mais l'ambition est une passion rare, elle enflamme des individus isolés, et ne saurait prendre toute une classe. Le jeune bourgeois qui se lance dans la politique ; allant souvent pour réussir jusqu'à endosser des opinions socialistes qui lui font, en réalité horreur n'est pas un ambitieux à proprement parler ; c'est simplement un carriériste. Entré dans un parti, comme on entre au Barreau ou à la Faculté, il cherche à être député comme on cherche à être docteur, et fait ce qu'il faut pour y arriver. L'ambition n'est pas un calcul, c'est une passion ; pour la satisfaire, l'ambitieux se ruine, parfois il risque sa vie ; tels les deux Napoléons faisant le coup d'état, tel Robespierre acceptant des responsabilités terribles ; elle a toutes les grandeurs et tous les désordres de la passion. Le jeune politicien bourgeois, est tout à fait étranger à ses agitations, s'il faut pour arriver donner de l'argent il s'y résigne ; mais avant il le

compte, c'est une avance qu'il fait, et il compte
bien en être remboursé, avec les intérêts.

La bourgeoisie a beaucoup plus que la classe ouvrière le sentiment de la famille. C'est dans les
classes dirigeantes qu'il faut aller pour rencontrer la
famille institution sociale où les membres sont soli-
daires. Dans les classes pauvres, il n'y a pour ainsi
dire que la famille animale ; le père, la mère et les
enfants tant qu'ils sont jeunes.

Dans la bourgeoisie quiconque a une famille est
à peu près sûr d'être soigné s'il est malade, récon-
forté s'il est découragé, relevé dans une certaine
mesure s'il tombe dans la misère.

Ce n'est pas qu'entre parents on s'aime ; le bourgeois calcule trop pour aimer ; avec tranquillité le
fils suppute la mort de son père, de sa mère, fait le
compte des « espérances » qui se réaliseront ces
morts arrivées. Entre frères et sœurs on traite des
affaires, comme en traiteraient des commerçants,
on réserve la dot de l'une, l'argent que l'on se pro-
pose de donner pour assurer la situation de l'autre ;
et ce sont des haines implacables lorsque les uns
ou les autres se croient frustrés. Malgré tout cependant on se tient quand même à cause de la conception que l'on s'est faite de l'honneur familial ; certes
on ne partagera pas sa fortune avec un parent tombé
dans le dénûment, on tachera même de l'aider au
meilleur marché possible ; mais on l'aidera, dans la

crainte que l'on vienne un jour à apprendre qu'il a assassiné, volé, ou qu'elle s'est fait arrêter comme prostituée. On ne voudrait pas non plus qu'on puisse un jour reprocher à la famille d'avoir laissé tel de ses membres mourir à l'hôpital ; d'avoir une vieille parente au bureau de bienfaisance. Quand on peut sans bourse délier aider un parent dans la détresse, on préfère évidemment ce moyen, aussi les petits emplois tels que celui de surveillante d'hôpital, d'inspectrice de l'assistance publique, les menues sinécures, sont-ils la propriété presque exclusive de la bourgeoisie ; elle y relègue ceux des siens qui ont mal mené leur barque ou n'ont pas eu de chance dans la vie.

Il ne faut pas se dissimuler cependant que souvent les appartements luxueux des classes dirigeantes abritent des horreurs. En dehors même des crimes proprement dits qui sont rares, lorsque la faiblesse s'y présente sous l'aspect d'un grand parent infirme ou en décrépitude mentale, la famille redevient sur un mode atténué la jungle préhistorique. L'ancêtre à l'indiscrétion de vivre trop, alors qu'il est devenu un embarras et on ne se gêne pas pour le lui faire entendre. Certes, on ne veut pas l'assommer, le maltraiter même, il y a des domestiques et, d'ailleurs, cela ne se fait pas, mais parfois on va jusqu'à tenter auprès du médecin de la famille une démarche équivoque.

Parfois, on a recours pour se débarrasser d'un vieux parent gênaut à la maison d'aliénés. Passé soixante-dix ans on a toujours un peu d'affaiblissement intellectuel, quelques défaillances de mémoire, cela suffit avec l'aide d'un médecin complaisant qui se trouve toujours, pour faire le certificat exigé par la loi.

Dans les conditions ordinaires cependant, si on n'aime que médiocrement les siens, on « fait son devoir » selon l'expression en usage, et cela suffit pour que tout compensé l'individu trouve dans la famille plus à gagner qu'à perdre. C'est parce que « on fait son devoir » que l'enfant est consciencieusement nourri, vêtu, lavé, soigné dans ses moindres maladies, la mortalité infantile est très faible dans la classe bourgeoise ; les coxalgiques, la cyphotiques, les malingres à force de soins vivent quand même et arrivent souvent à faire des adultes suffisants. On se donne de la peine pour que l'enfant soit instruit ; le contraignant d'apprendre lorsqu'il y répugne, on paye des répétiteurs pour qu'il ne soit pas absolument dans les derniers au lycée.

Pour assurer à l'enfant la fameuse « situation » qui lui permettra de faire figure et en même temps d'accroître ses revenus, on remue ciel et terre afin de se faire des relations, on dépense l'argent en dîners, en soirées ; on fait bonne figure à des gens qu'on déteste. Un enfant coûte beaucoup dans une famille

bourgeoise ; c'est la principale des raisons pour lesquelles on s'arrange pour n'en avoir que très peu.

Une des grandes qualités des classes dirigeantes
c'est l'énergie ; elles en ont beaucoup plus que les
classes pauvres. Dans la bourgeoisie l'individu apprend par l'éducation des parents d'abord et par
l'expérience ensuite qu'il est entouré d'ennemis et
que par suite il doit savoir se suffire à lui-même,
aussi bien pour ce qui est de la vie morale que
des intérêts matériels.

Devant les autres, l'individu doit donc paraître
toujours également fort. Est-il triste, découragé, il
le cache à tous les yeux et affecte une impassibilité
qu'il n'a pas. Est-il malade, il s'en cache encore ; la
maladie est une faiblesse ; c'est-à-dire une honte.
Un haut fonctionnaire très ferme a son cabinet, dirige son armée d'employés, distribue les ordres
les réprimandes, les éloges. A trois semaines de là
il meurt d'un cancer. Il n'était, certes, pas sans le
savoir, il voyait de jour en jour la mort venir, et
cependant il n'en disait rien, ne laissait paraître aucune terreur. La bourgeoisie dans son ensemble est
ainsi, c'est une des causes de la domination qu'elle
exercera probablement longtemps encore sur la
classe ouvrière.

A tous les points de vue, on peut dire sans exagé-
ration aucune, que la classe ouvrière est la classe
inférieure. Cette infériorité n'est pas fondamentale

et ce qui le prouve bien c'est que, sans croisement
d'aucune sorte l'ouvrier qui, par des circonstances
quelconques, devient bourgeois se transforme en
quelques années. Il arrive parfois que des hommes
de cinquante ans, riches et puissants, racontent que
dans leur jeunesse ils ont travaillé comme ouvriers; on en est tout étonné, car il ne reste plus
rien de leur origine. Il semble qu'au fond l'ensemble
des attitudes et des gestes qui caractérise une classe
soit commandé par les idées qui ont cours dans
cette classe; pour les perdre il faut donc juste le
temps d'oublier les idées et de les remplacer par
d'autres pour que l'oubli soit possible, il faut, toute-
fois que l'individu transplanté cesse ses anciennes
fréquentations.

Ce qui ne change pas quelles que soient les fluctua-
tions de la vie, ce sont bien entendu les caractères
anatomiques de la classe. Nous avons vu que les
ouvriers sont plus petits que les bourgeois, que leur
crâne est moins volumineux, leur musculature
moins forte. Les muscles encore peuvent s'accroître
mais le squelette ne grandit plus une fois l'adolescence terminée et si le crâne avec le cerveau s'ac-
croît encore, c'est seulement dans des proportions
peu appréciables. Cependant, l'ouvrier dont nous
avons vu les attitudes et les gestes se transformer
en devenant bourgeois; change également quant à
ses caractères anatomiques. A la faveur des conditions de vie meilleure; s'il reste petit il devient cor-

pulent et sa petite taille apparaît moins ; il prend
de la graisse et aussi du muscle. Toute sa personne
également cesse d'avoir l'aspect affaissé que l'humi-
lité d'origine lui avait imprimée ; les épaules se relèvent, la colonne vertébrale se redresse ; le teint
prend des couleurs de prospérité, la tête est tenue
plus droite ; et tous ces changements donnent à
l'homme un aspect général tel, qu'il faudrait un
anatomiste pour déceler les tares primitives ; encore
que si l'anatomiste manquait de renseignements il
le classerait seulement comme un spécimen inférieur de la bourgeoisie.

L'enfant ouvrier ne reçoit pas d'éducation de ses
parents, car dans les classes pauvres on ne croit pas
qu'une action soit efficace pour améliorer les individus, on pense sans bien s'en rendre compte toute-
fois que les enfants deviennent tout seuls, par la
nature, ce qu'ils ont à devenir. Seuls les principes
fondamentaux de la morale ; tel que le respect de
la propriété sont inculqués aux enfants, dans les familles d'ouvriers honnêtes. La mère gronde le ga-
min qui, poussé par sa gourmandise, a volé les
pommes du fruitier ou les bonbons de l'épicier ; elle
l'oblige à reporter les marchandises, ou elle le prive
de dessert pour les payer ; elle lui prédit en outre
qu'il finira sur l'échafaud, prédiction qui sur l'esprit de l'enfant agit beaucoup moins en elle-même
que par le ton dont elle est faite.

L'enfant cependant deviendra un homme de sa classe, mais pour ce faire point n'est besoin d'une volonté parentale nettement exprimée, l'exemple y suffira. Par les conversations de son père et de sa mère, des voisins, des autres enfants, il s'initie aux idées de son milieu, à ses préjugés et il en fait son idéologie propre.

De l'existence d'une autre classe plus heureuse et plus développée que la sienne, il se doute à peine, à moins que les parents ne soient des socialistes ou des révolutionnaires ; encore que ce qu'on lui en dit alors soit bien vague.

L'enfant apprend de ses parents que pour vivre il devra travailler et il croit que tout le monde travaille ; pour lui les deux classes sont seulement celle des honnêtes gens c'est-à-dire des ouvriers laborieux et celle des criminels, et il se promet, bien entendu, d'être de la première. Le gouvernement lui apparaît comme formé d'hommes très grands d'une espèce différente de la sienne, sorte de demi-dieux. Il va le voir défiler en cortège aux fêtes officielles et il l'admire comme il admirerait un spectacle de la nature, sans envie aucune. Depuis le développement du syndicalisme ce respect pour les gouvernants disparaît à grands pas ; on ne le retrouve plus que dans la masse amorphe des ouvriers indifférents, des petits commerçants, et, en général, dans la province. L'élite des ouvriers militants connaît d'assez

près les gouvernants ; elle les voit pour traiter lors
des grèves ; et elle a connu certains d'entre eux
lorsque, débutant dans la carrière politique ils
étaient de l'opposition. Aussi ne les respecte-t-elle
pas : elle les considère seulement comme des gens
qui ont eu de la chance (1).

Volontiers les ouvriers lisent dans les journaux
les faits et gestes des souverains étrangers, du Président de la République, des Ministres et s'y inté-
ressent comme à des romans de cape et d'épée, on
ne saurait croire combien la résignation à son sort
est fondamentale dans la classe ouvrière qu'une habitude séculaire a faite sans désir de mieux ; même
les révolutionnaires n'envient les riches que super-
ficiellement, dans les hautes sphères de leur raison.
Au fond ils sont des hommes de leur classe et sentent
en elle comme les animaux sentent en leur espèce.

Cependant, l'ouvrier n'aime pas le bourgeois. Il
a pour lui un sentiment complexe où il entre avec
une déférence forcée, de la haine. En présence d'un
bel appartement luxueusement meublé, d'un homme
bien mis, l'ouvrier ne se sent pas à sa place, il a
envie de se faire petit pour n'être pas aperçu et il
perd tous ses moyens. Un langage correct le con-
fond également et lui fait perdre contenance, il ne
trouve plus les mots pour la réponse, et il devient

(1) C'est l'expression exacte car en général leur félonie
suscite peu l'indignation de ceux qu'ils ont trompés.

avec la plus grande facilité la proie de l'homme riche et cultivé. Ce n'est pas, cependant qu'il soit dupe ; il comprend très bien qu'on l'a joué avec des argumeuts fallacieux, l'évocation de lois invérifiables pour un ignorant comme lui ; il cherche donc à attaquer par derrière celui qu'il ne peut aborder en face. Domestique, il crache dans les plats, vole les maîtres tant qu'il peut, ouvrier, il travaille le moins possible, fait juste ce qu'il faut pour n'être pas renvoyé. Si les circonstances font que le patron soit vis-à-vis de lui en état d'infériorité s'il s'agit d'une femme isolée, par exemple, ou d'un homme que sa situation moyenne place plus près du prolétaire que des classes supérieures, il fait payer à cette faiblesse relative tout ce qu'il a enduré des forts en se montrant aussi peu consciencieux et aussi grossier que possible.

Autant la bourgeoisie est énergique autant le prolétariat l'est peu. Cette maîtrise de soi que l'homme des classes supérieures apporte dans tous les actes de sa vie est remplacé dans les classes pauvres par le laisser aller absolu. L'ouvrier comme il le dit ne se gêne pas, ne fait pas de façons c'est pourquoi il crache par terre, se mouche dans ses doigts, néglige de se laver, porte des habits malpropres, a un logement sale. C'est pour cela aussi qu'il s'adonne à l'alcool ; le goût lui en est agréable ; agréable aussi l'obnubilation dans laquelle l'ivresse plonge les facultés, pourquoi résister. C'est également parce qu'il ne veut pas se gêner que l'ouvrier à de nombreux enfants. Il n'est pas sans voir que chaque naissance lui apporte un surcroît de misère ; mais en proie à la sensualité il ne saurait faire l'effort nécessaire pour se dégager.

Cette anénergie de la classe ouvrière est telle que jamais les Universités populaires, les associations diverses qui se sont fondées pour faire son éducation, n'ont pu y réussir. Il est vrai que contre elles les ouvriers ont eu des préventions tenant à ce que presque toujours ces initiatives sont venues de la bourgeoisie. Devant le bourgeois l'ouvrier est servile ; mais au fond de lui-même, comme il a le sentiment de l'égalité, il se dit qu'il le vaut bien et aux velléités des classes dirigeantes de lui imposer leurs mœurs, il répond de la seule façon qu'il ose, c'est-à-dire, par son inertie. Que l'alcool soit nuisibl pense l'ouvrier, c'est peut-être un peu vrai ; mais en boire est un usage de ma classe ; que les bourgeois me laissent donc tranquille, je ne vais pas les embêter à propos de leur thé, moi.

Jamais les socialistes n'ont osé prêcher aux ouvriers la réforme de leurs habitudes ; tant ils savent combien ils y tiennent ; ceux qui l'ont tenté d'ailleurs, en maints endroits, l'ont payé de leur siège à la Chambre ou aux Mairies ; l'ouvrier les abandonnant a voté pour ceux qui les ont laissé boire et être sales.

Il serait faux cependant de trop généraliser, les universités populaires et les sociétés de tempérance d'une part ; les syndicats, d'autre part, n'ont pas entièrement perdu leur peine lorsqu'ils ont tenté le relèvement dés mœurs du prolétariat ; si la majorité a passé indifférente, une minorité a compris et obéi. On est parfois étonné de trouver, lorsqu'on se présente chez certains ouvriers, un logement d'une propriété impeccable. Au mur, à côté des meubles sont des grávures encadrées ; sur la cheminée une pendule, des vases, quelques menus objets de bazar. Souvent une bibliothèque pleine de livres ; les romans populaires, certes, y figurent, mais ils voisinent avec des livres de vulgarisation scientifique et des ouvrages d'histoire, de socialisme. L'homme, la femme, le ou les enfants sont lavés et couverts de vêtements propres ; outre les effets de travail ils en ont d'autres de rechange pour les promenades du dimanche et les réunions du soir. Là l'homme ne boit pas et le ménage a peu d'enfants. En général, leurs opinions politiques sont modérées, ils suivent le gouvernement avec seulement quelques tendances à sa gauche ; ils font des économies, sont des mutualités et s'adressent à des sociétés pour l'achat à tempérament de petites propriétés illusoires. Parfois, cependant, ils sont révolutionnaires ; car ce genre de vie ordonné s'apprend dans les syndicats ouvriers, l'homme du peuple en vient tout seul lorsqu'il est intelligent et réfléchi là ou la bourgeoisie voulait le mener lorsqu'elle croyait avoir intérêt à faire son éducation. Mais, en thèse générale, çette élite de la classe ouvrière n'est pas de cœur avec la violence ; elle a déjà pour son petit bien-être les sentiments de la bourgeoisie pour ses richesses ; elle a peur de le perdre, peur déraisonnable certes, car il est évident que le socialisme sans lui donner l'opulence, qu'aucune société ne saurait assurer à chacun, lui donnerait davantage encore qu'il n'a pu acquérir par son travail et son économie. Avec le bien-être ouvrier les syndicats croissent en nombre et en puissance ; les grèves sont mieux conduites et réussissent plus souvent, mais la révolution n'en est pas pour cela plus proche. Les trois cent mille grévistes de Suède qui n'eussent eu qu'un pas à faire pour voir plier armée et gouvernement ne l'ont pas fait et ils ont été vaincus. C'est à tort que les chefs révolutionnaires prétendent que les réformes qui augmentent le bien-être avancent la révolution ; il est vrai, que probablement ce concept est en eux ce que nous avons appelé dans un autre chapitre une « vérité politique », ils craindraient de s'aliéner les masses en décriant systématiquement les réformes et les menues améliorations qu'elles apportent à leur sort. L'ouvrier aisé va volontiers au syndicat, à la coopérative, au parti socialiste, il prend la pa-

role dans les groupes et rédige des procès-ver-
baux, car tout cela lui fait une vie intellectuelle ;
mais de là à descendre armé dans la rue pour faire
une émeute, il y a tout un monde. Pour en arriver
à faire bon marché du risque de sa vie il faut avoir
faim, comme le Faubourg Saint-Antoine lors du
prise de la Bastille.

L'ouvrier est-il meilleur que le bourgeois, à coup
sûr, il est plus solidaire et compatit davantage au
sort de ses semblables. Dans la maison des riches,
personne ne se connaît ; les locataires s'ignorent les
uns les autres ; on peut agoniser au premier, cela
n'empêchera pas les gens du deuxième de chanter
et de rire. Il est vrai que cette sollicitude que le
riche n'a pas pour autrui, il ne l'attend pour lui-
même ; s'il est malheureux, il ne compte pour se
tirer de peine que sur ses propres forces et, s'il ne
réussit pas, il se résigne. Dans la maison populaire,
toutes les portes sont ouvertes ; sur les paliers, on
bavarde entre voisins. Un locataire est-il malade et
seul, il trouve toujours quelqu'un pour lui monter
une tasse de bouillon, un peu de vin, pour lui pré-
parer une tisane. La misère également excite la pitié ; à un locataire sans travail et chargé d'enfants
on donnera de la soupe, du linge et des vêtements
usés ; on prêtera même un peu d'argent.

Le riche passe implacable devant l'homme tombé
d'inanition dans la rue ; devant le malade qui s'af-

faisse, devant l'écrasé ; l'homme du peuple lui s'arrête. Certes, il y a dans son geste un peu de curiosité ; mais tout de même il s'empresse, déboutonne un vêtement, aide à se relever, porte l'accidenté dans une pharmacie, donne deux sous au misérable. Victor Hugo conte dans *Les pauvres gens*, comment une femme de pêcheur adopta des orphelins, alors qu'elle était déjà chargée d'enfants ; certes, ce n'est pas le cas général, loin de là ; mais le fait arrive parfois, bien plus souvent en tout cas que chez les riches. Cependant, l'égoïsme, la méchanceté, l'ingratitude fleurissent dans le cœur ouvrier à côté de cette bonté. Ces locataires d'une même maison, qui semblent si affables les uns pour les autres, s'entredéchirent. Le moindre vêtement neuf excite l'envie du voisin et devient prétexte à critiques. A l'un, on reproche de dépenser tout son argent à se nourrir et d'être mal habillé; à l'autre, de mettre tout sur son dos, et de rester le ventre vide, à un troisième de thésauriser, à un quatrième, de tout gaspiller ; personne ne sort indemne de l'examen de son voisinage ; et tout est pris en mauvaise part. On ne saurait croire combien est restreinte la liberté de chacun dans une maison ouvrière. Ce que l'on dit de la liberté dont on jouit à Paris, n'est vrai que pour les riches, et la classe moyenne ; les quartiers et les maisons pauvres pour les cancans sont identiques à des villages. Souvent, encore aujourd'hui, bien que les mœurs se transforment à cet égard, les femmes ne font que leur ménage, alors elles s'ennuient. Comme elles ne sont pas habituées à lire, et y trouvent peu de plaisir, comme elles n'ont pas d'amies à aller voir, et qu'elles préfèrent rester chez elles, que se promener ; elles se font un aliment intellectuel de tous les menus événements de la maison et de la rue. Celui-là, rentre bien tard le soir ; que peut-il faire, et les imaginations se donnent carrière ; celle-là sort toujours dans l'après-midi ; elle doit tromper son mari, et on va jusqu'à la suivre pour s'en assurer. Celle-ci reçoit bien souvent des lettres, qui peut lui écrire ainsi ; des amants, elle se conduit mal, etc., etc.

De cette suggestion qui nous semblerait insupportable, les gens du peuple ne souffrent pas ; ils sont d'ailleurs volontiers ouverts ; aussi ouverts que les bourgeois sont fermés. Ils racontent leur vie dans les chemins de fer, à des gens qui ne les verront jamais plus ; ils confient leurs espérances et leurs chagrins à leurs voisins, à leur concierge. Et lorsqu'il y a brouille, ils se jettent les uns les autres tous leurs antécédents par la tête.

La famille on peut le dire, est dans la classe ouvrière, réduite à sa plus simple expression. D'abord, les vieux parents sont rares, car on meurt jeune ; à quarante ans on dit d'un homme, moins d'une femme, qu'il est vieux ; à cinquante ans, il est mort.

Rares, d'ailleurs, seraient les familles qui consenti-
raient à les garder ; on se supporte mal, dans le
peuple, et il ne s'écoulerait pas longtemps avant que
vienne, avec la fâcherie, la séparation. Les vieux,
ou bien, sont hospitalisés dans les asiles, ou bien,
vivent seuls, dans des mansardes ; si la famille, est
à peu près à son aise, elle envoie de temps en temps,
au vieux parent, une pièce de cinq francs ; il com-
plète en touchant des mensualités au bureau de
bienfaisance, en demandant des bons de pain, de
fourneau philanthropique. Les frères et sœurs
adultes vivent séparément.

La femme est tenue dans la classe ouvrière pour
très inférieure à l'homme. La force musculaire étant
en grand honneur, presque autant que chez les criminels, la femme qui est faible est traitée avec brutalité et mépris.

Rares sont les ménages où la femme n'est jamais
battue par son mari. Il la bat d'abord lorsqu'il rentre
ivre et qu'elle lui reproche l'état dans lequel il s'est
mis ; il la bat lorsqu'il est en colère parce qu'elle ne
veut pas lui obéir, acquiescer à ses dires. Il semble
que les coups soient dans le peuple la dernière raison de l'homme vis-à-vis de la femme.

La classe ouvrière sera certainement la dernière à
acquiescer au féminisme, il faudra pour qu'elle l'accepte que l'égalité politique et sociale des deux
sexes soit devenue un fait accompli dans la loi.

La femme a une servilité qui correspond à la brutalité masculine. Ce n'est pas qu'elle soit, en réalité, inférieure. Elle est moins intelligente que les ouvriers d'élite, mais elle l'est plus que la moyenne des hommes de sa classe. D'abord, elle a sur eux cette supériorité de ne pas être abrutie d'alcool, en outre, son travail moins fatigant fait que chez elle l'intelligence est moins alourdie. Alors que, le labeur terminé, l'homme ne sait que boire ou dormir ; elle s'intéresse à des feuilletons, à des romans populaires ; elle déplore avec les voisines le sort de l'innocence persécutée au bas des pages du *Petit Journal* ; elle lit les romans d'aventures publiés à bon marché. Son intellectualité se manifeste également par son amour du théâtre. C'est pour lui faire plaisir que son mari l'y accompagne, car lui préférerait une partie de cartes chez le marchand de vins.

Mais nulle volonté fixe d'affranchissement n'est en elle. Lorsque l'heure approche où le mari va rentrer du travail, vite elle termine dîner et ménage, comme une écolière qui craindrait de n'avoir pas fini ses devoirs pour l'arrivée du Maître. Parfois, accablée de brutalités il lui arrive bien de déplorer l'injustice de la condition qui lui est faite ; les hommes, dit-elle, ont fait la loi pour eux seuls ; mais aucune volonté persévérante de secouer le joug ; en France tout au moins. Comme le peuple en général, la femme des classes pauvres se dit que ce qui est, probablement doit être et elle ne croit pas qu'il soit possible de rien changer.

Les actives mettent leur orgueil à bien faire leur ménage ; elles frottent du matin au soir ; s'horrifient devant un « mouton » de poussière que le balai a oublié sous le lit. Leur ambition est une armoire à glace ; un buffet de salle à manger et elles pensent des années à l'avance à l'heureux jour où elles pourront en faire l'acquisition.

Les paresseuses passent leur temps à bavarder avec les voisines autour d'une tasse de café ; elles négligent leur intérieur et leur personne, ne sont ni débarbouillées, ni peignées et traînent avec un jupon graisseux et déchiré d'horribles savates.

La soumission de la femme à son mari n'est qu'apparente ; devant lui elle fait semblant d'obéir pour n'être pas être injuriée et battue ; mais elle s'arrange pour faire ce qu'elle veut. Comme les pensionnaires, les soldats au régiment elle tire, comme on dit, à son mari « des carottes » ; pour sortir seule elle invente une maladie de sa vieille mère, de sa sœur. D'autres fois elle profite d'un moment où le mari est en veine de générosité pour le faire consentir à un achat extraordinaire qu'il avait refusé déjà.

D'ordinaire elle n'aime pas son mari, cela se comprend car il n'est guère aimable ; il est pour elle le gagne-pain, celui qui lui assure et assure à ses enfants l'existence et elle le soigne comme tel.

Devant le lit d'hôpital où son homme termine sa vie, la femme reste les yeux secs. Certes, elle n'aurait rien fait pour l'abréger, mais puisque la mort va le prendre ; elle est au fond heureuse. Après avoir été bafouée, injuriée, frappée presque chaque jour pendant des années, elle va enfin être veuve... et tranquille.

Aux partis socialiste et révolutionnaire, l'ouvrier vient assez souvent animé de la plus grande sincérité. Alors que le bourgeois y milite seulement pour en tirer profit, pour décrocher un siège de député ou de conseiller municipal, l'homme du peuple apporte religieusement sa cotisation, tel un catholique son obole au tronc de la Vierge ; il pense qu'ainsi il contribue à hâter l'avènement de la société de justice qui finira par arriver lorsqu'il y aura assez de milliers d'hommes qui apporteront comme lui un gros sou.

Il ne faut pas cependant trop fonder sur son dévouement et lui demander un grand effort, il manque à la fois d'énergie et de persévérance. Ce sont des intellectuels qui, en Russie, lancent les bombes ; l'ouvrier est bien moins souvent capable de ces terribles courages. On ne le trouve pas non plus lorsqu'on fait trop souvent appel à son concours. Il veut bien travailler à l'avènement de la révolution sociale ; mais il ne s'y passionne pas ; le militantisme révolutionnaire ne prend qu'une petite partie de sa vie, il entend réserver les autres à sa famille, à la promenade, au concert, à la pêche à la ligne. Lorsqu'il va trop souvent aux réunions, sa femme le lui reproche en lui disant *qu'il se perd*, qu'il *devient fou;* et l'argument porte. Il croit qu'il est honteux de se passionner pour une idée ; tout ce qui n'est pas la vie matérielle lui apparaît au fond comme un amusement sans importance. Le déjeûner et le dîner doivent être mangés à des heures invariables; il n'y a pas d'intérêt assez grand pour le forcer de passer la nuit hors de chez lui. En cela il ressemble à la classe moyenne ; c'est un homme d'ordre.

Les classes disparaîtront-elles un jour; il faut l'espérer. Certes, le nivellement absolu tel que le demandent les anarchistes, où l'intelligence ne serait ni mieux payée ni mieux considérée que l'ignorance ; où l'énergie n'aurait pas un sort plus enviable que la paresse; aurait s'il advenait un jour les plus néfastes effets. Devant la certitude de ne pas voir son mérite reconnu, personne ne voudrait plus avoir de mérite ; l'effort serait tué et avec lui le progrès. Ce qui est désirable, c'est avec un minimum de vie assuré aux vaincus, l'égalité de tous au point de départ de l'existence.

Seul un tel régime sera capable de réaliser la plus grande somme de progrès social par la victoire des *meilleurs*.

TABLE DES MATIÈRES

Saint-Amand (Cher). — Imprimerie Bussière.

BIBLIOTHÈQUES
COLLECTIONS ET REVUES

ÉDITÉES PAR

M. GIARD & E. BRIÈRE

LIBRAIRES-ÉDITEURS

16, RUE SOUFFLOT ET 12, RUE TOULLIER

PARIS (Ve)

—

(Extrait du catalogue général)

1911-12

GOODNOW (F.-G.). — **Les principes du droit administratif des Etats-Unis.** Traduction A. et G. Jèze. 1907. 1 vol. in-8, broché . . . . 12 fr. »

STUBBS (W.). — **Histoire constitutionnelle de l'Angleterre,** avec introduction, notes et études de Ch. Petit-Dutaillis. Traduction par G. Lefebvre. Tome I. 1907. 1 vol. in-8, br. 16 fr. »

ERRERA (P.). — **Traité de droit public belge.** 1909. 1 fort volume in-8 broché. . . . . 12 fr. 50

NÉRINCX (Alf.). — **L'organisation judiciaire aux Etats-Unis.** 1909. 1 vol. in-8, broché. . . . . 10 fr.

ERSKINE MAY. — **Traité des Lois, Privilèges, Procédures et Usages du Parlement.** 2 vol. in-8 . . . . . 25 fr. »

LOWELL (A.-L.). — **Le Gouvernement de l'Angleterre.** Traduction de A. Nerincx, 2 vol. in-8 :
— Tome I. 1910. Un vol. in-8, broché . . . . . . 15 fr. »
— Tome II. 1910. Un vol. in-8, broché . . . . . . 15 fr. »

REDLICH (J.). — **Le Gouvernement local en Angleterre.** Trad. Oualid, 1911. 2 vol. in-8, brochés . . . . . 24 fr. »
Tome I : 1911. 1 vol. in-8, broché . . . . 12 fr. »
Tome II : 1911. 1 vol. in-8, broché . . . . 12 fr. »

JELLINEK (G.). — **L'Etat moderne et son droit.** Tome I : Doctrine générale de l'Etat. Trad. Fardis, 1911. 1 vol. in-8 12 fr. »

SÉRIE IN-18 :

TODD (A.). — **Le Gouvernement parlementaire en Angleterre.** Traduit sur l'édition anglaise de Spencer Walpole, avec une préface de Casimir-Périer. 1900. 2 vol. in-18, br. 12 fr. »

WILSON (W.). — **Le Gouvernement congressionnel,** avec une préface de Henri Wallon. 1900. 1 vol. in-18, broché 5 fr. »

JENKS (Edward). — **Esquisse du Gouvernement local en Angleterre.** Trad. J. Wilhelm, préface de H. Berthélemy, 1902. 1 vol. in-18, br . . . . 5 fr. »

DICKINSON (G.-L.). — **Le développement du Parlement pendant le XIXᵉ siècle.** Traduction et préface de M. Deslandres. 1906. 1 vol. in-18 broché. . . . . 5 fr. »

SOUS PRESSE :

JELLINEK (G.) — **L'Etat moderne et son droit.** Tome II.

BIBLIOTHÈQUE INTERNATIONALE D'ÉCONOMIE POLITIQUE

Honorée de souscriptions du Ministère de l'Instruction publique

PUBLIÉE SOUS LA DIRECTION DE **Alfred Bonnet**

☞ Les volumes de cette bibliothèque se vendent aussi reliés avec une augmentation de 1 fr. pour la série in-8 et de 0 fr. 50 pour la série in-18

COSSA (Luigi). — **Histoire des doctrines économiques.** Trad. Alfred Bonnet. Préface de A. Deschamps. 1899. 1 vol., broché (1) . . . . 10 fr. »

ASHLEY (W.-J.). — Histoire et doctrines économiques de l'Angleterre. 1900. 2 vol., brochés (II-III) . . . . . 15 fr. »

SEE (H.). — Les classes rurales et le régime domanial au Moyen Age en France. 1901. 1 vol. broché (IV). . 12 fr. »

WRIGHT (C.-D.). — L'évolution industrielle des Etats-Unis. Trad. F. Lepelletier. Préface de E. Levasseur. 1901. 1 vol., broché (V) . . . . 7 fr. »

CAIRNES (J.-E.). — Le caractère et la méthode logique de l'économie politique. Trad. par G. Valran. 1902. 1 vol. broché (VI) . . . . 5 fr. »

SMART (W.). — La répartition du revenu national. Trad. G. Guéroult. Préface de P. Leroy-Beaulieu. 1902. 1 vol. broché (VII) . . . . 7 fr. »

SCHLOSS (David). — Les modes de rémunération du travail. Trad. Charles Rist. 1902. 1 vol. broché (VIII). . . . 7 fr. 50

SCHMOLLER (G.). — Questions fondamentales d'économie politique et de politique sociale. 1902. 1 vol. br. (IX) 7 fr. 50

BOHM-BAWERK (E.). — Histoire critique des théories de l'intérêt du capital. Trad. par Bernard. 1902. 2 vol. brochés (X-XI) . . . . 14 fr. »

PARETO (Vilfredo). — Les systèmes socialistes. 1902. 2 volumes brochés (XII-XIII) . . . . *Epuisé*

LASSALLE (F.). — Théorie systématique des droits acquis. Avec préface de Ch. Andler. 1904. 2 vol. brochés (XIV-XV) 20 fr. »

RODBERTUS JAGETZOW (C.). — Le capital. Trad. Chatelain. 1904. 1 vol. broché (XVI) . . . . 6 fr. »

LANDRY (A.). — L'intérêt du capital. 1904. 1 vol. broché (XVII) . . . . 7 fr. »

PHILIPPOVICH (Eugène von). — La politique agraire. Traduit par S. Bouyssy, avec préface de A. Souchon. 1904. 1 vol. broché (XVIII) . . . . 6 fr. »

DENIS (Hector). — Histoire des systèmes économiques et socialistes :
Tome I : *Les Fondateurs.* 1904. 1 vol. broché (XIX) . 7 fr. »
Tome II : *Les Fondateurs.* 1907. 1 vol. broché (XX) . 10 fr. »

WAGNER (Ad.). — Les fondements de l'économie politique :
Tome I. 1904. 1 vol. broché (XXII) . . . . 10 fr. »
Tome II. 1909. 1 vol. broché (XXIII) . . . . 12 fr. »

SCHMOLLER (G.). — Principes d'économie politique. Traduit par G. Platon et L. Polack. 5 vol. 1905-08 (XXVI à XXX) 50 fr. »

PETTY (Sir W.). — Œuvres économiques. 1905. 2 vol. broché (XXXI-II) . . . . 15 fr. »

SALVIOLI. — Le capitalisme dans le monde antique. 1906. 1 vol. br. (XXXIII) . . . . 7 fr. »

EFFERTZ (O.). — Les antagonismes économiques. Introduction de Ch. Andler. 1906. 1 vol. broché (XXXIV) . . . 12 fr. »

MARSHALL (A.). — Principes d'économie politique. 2 vol. in-8.
Tome I. 1907. 1 vol. broché (XXXV). . . . . 10 fr. »
Tome II. 1909. 1 vol. broché (XXXVI) . . . . 12 fr. »

FONTANA-RUSSO (L.). — **Traité de politique commerciale.** 1908. 1 vol. in-8 broché (xxxvii) . . . . 14 fr. »

CORNELISSEN (C.). — **Théorie du salaire et du travail salarié.** 1909. 1 fort vol. in-8, broché (xxxviii) . . , 14 fr. »

JEVONS (W. Stanley). — **La théorie de l'économie politique.** Trad. H.-E. Barrault et M. Alfassa. 1909. 1 vol. in-8 broché (xxxix). . . . . 8 fr. »

PARETO (Vilfredo). — **Manuel d'économie politique.** Trad. de A. Bonnet. 1909. 1 vol. broché (xl) . . . . 12 fr. 50

CANNAN (Edwin). — **Histoire des théories de la production et de la distribution dans l'économie politique anglaise de 1776 à 1848.** Trad. E. Barrault et M. Alfassa. 1910. 1 vol. in-8 (lxi) . . . . , ... 12 fr. »

CLARK (J.-B.). — **Principes d'Économie dans leur application aux problèmes modernes de l'Industrie et de la Politique économique.** Trad. W. Oualid et O. Leroy. 1911. 1 vol. in-8 (lxii). . . . . 10 fr. »

FISHER. — **Nature du capital et du revenu.** Trad. S. Bouyssy. 1911. 1 vol. in-8 (xlii) . . . . 12 fr. »

LORIA (A.). — **La synthèse économique.** Etude sur les lois du Revenu. Trad. C. Monnet. 1911. 1 vol. in-8 (xliii) . . 12 fr. »

SÉRIE IN-18

MENGER (Anton). — **Le droit au produit intégral du travail.** Trad. A. Bonnet. Préface de Ch. Andler. 1900. 1 vol. br. (i)   3 fr. 50

PATTEN (S.-N.). — **Les fondements économiques de la protection.** Trad. F. Lepelletier. Préface de P. Cauwès. 1889. 1 vol. broché (ii). . . . . 2 fr. 50

BASTABLE (C.-F.). — **La théorie du commerce international.** Trad. avec introd. par Sauvaire Jourdan. 1900. 1 vol. (iii) . . . . 3 fr. »

WILLOUGHBY (W.-F.). — **Essais sur la législation ouvrière aux Etats-Unis.** Trad. Chaboseau. 1903. 1 vol. br. (iv).   3 fr. 50

SOUS PRESSE :

WAGNER. — **Fondements de l'Economie politique.** Tome III.

BIBLIOTHÈQUE INTERNATIONALE DE DROIT PRIVÉ
ET DE DROIT CRIMINEL

Honorée de souscriptions du Ministère de l'Instruction publique

PUBLIÉE SOUS LA DIRECTION DE

H. Lévy-Ullmann | P. Lerebourg-Pigeonnière

Professeurs aux Universités de Lille et de Rennes

COSACK (C.), *professeur à l'Université de Bonn.* — **Traité de droit commercial.** Avec préface de Ed. Thaller, traduction de Léon Mis. 1905-7 :

Tome I : **Théorie générale.** 1905. 1 vol. in-8, broché   8 fr. »
— Le même, relié (reliure de la Bibliothèque) . . .   9 fr. »
Tome II : **Opérations.** 1905. 1 vol. in-8 broché .   8 fr. »
— Le même, relié (reliure de la Bibliothèque). . . .   9 fr. »
Tome III : **Sociétés, assurances terrestres et maritimes.** 1907. 1 vol. in-8, broché. . . . .   10 fr. »
— Le même, relié (reliure de la Bibliothèque). . . .   11 fr. »
L'ouvrage complet. 3 vol. in-8 brochés . . . . . .   26 fr. »
— Le même, relié (reliur de la Bibliothèque) . . . .   29 fr. »

STEVENS (E. M.) D. C. L. de Christ Church (Oxford). — **Éléments de droit commercial anglais,** revus et corrigés par Herbert Jacobs, traduit par L. Escarti, avec introduction, par P. Lerebourg-Pigeonnière. 1909. 1 vol. in-8, broché . . .   10 fr. »
— Le même, relié (reliure de la Bibliothèque). . . .   11 fr. »

LISZT (D* F. Von), *professeur ordinaire de droit à Berlin.* — **Traité de droit pénal allemand.** Traduit sur la 17e édition allemande (1908) par R. Lobstein.
Tome I : **Partie générale.** 1910. 1 vol. in-8 . . .   10 fr. »
— Le même, relié (reliure de la Bibliothèque) . . .   11 fr. »

VIVANTE (C.), *professeur ordinaire de droit commercial à l'Université de Rome.* — **Traité de droit commercial,** avec préface de M. Albert Wahl. Traduction par Jean Escarra. 4 vol. in-8 :
Tome I : **Les Commerçants.** 1910. 1 vol. in-8 . .   *(Paru)*
Tome II : **Les Sociétés commerciales.** . . .   *(Paru)*
Tomes III et IV . . . .   *(Sous presse)*
☞ Cet ouvrage formera 4 volumes qui paraîtront très rapidement, est en souscription au prix de : br., 112 fr. ; relié 116 fr. »
Les Tomes III et IV seront livrés franco de port, aux souscripteurs, à leur apparition.

SOUS PRESSE :

VIVANTE . — **Droit commercial.** Tomes III et IV.

LISZT . — **Droit pénal allemand.** Tome II.

BIBLIOTHÈQUE SOCIOLOGIQUE INTERNATIONALE

Honorée de souscriptions du Ministère de l'Instruction publique.

PUBLIÉE SOUS LA DIRECTION DE René Worms

☞ Les volumes I à XXX de la Collection peuvent aussi être achetés reliés avec une augmentation de 2 fr. et XXXI et suite avec une augmentation de 1 fr. seulement

SÉRIE IN-8 :

WORMS (René). — **Organisme et société.** 1896. 1 vol. in 8 (I). . . . .   6 fr. »

LILIENFELD (Paul de). — La pathologie sociale. 1896. 1 volume in-8 (ii) . . . .   6 fr. »

NITTI (Francesco S.). — La population et le système social. 1897. 1 vol. in-8 (iii) . . . .   5 fr. »

POSADA (A.). — Théories modernes sur les origines de la Famille, de la Société et de l'Etat. 1896. 1 vol. in-8 (iv).   4 fr. »

BALICKI (S.). — L'Etat comme organisation coercitive de la société politique. 1896. 1 vol. in-8 (v) . . (Epuisé).

NOVICOW (J.). — Conscience et volonté sociales. 1897. 1 volume in-8 (vi) . . . .   6 fr. »

GIDDINGS (Franklin H.). — Principes de sociologie. 1897. 1 volume in-8 (vii). . . . .   6 fr. »

LORIA (A.). — Problèmes sociaux contemporains. 1897. 1 vol. in-8 (viii) . . . .   4 fr. »

VIGNES (M.). — La science sociale d'après les principes de Le Play et de ses continuateurs. 1897. 2 vol. in-8 (ix-x) . . . .   16 fr. »

VACCARO (M.-A.). — Les bases sociologiques du droit et de l'Etat. 1898. 1 vol. in-8 (xi) . . . .   8 fr. »

GUMPLOWICZ (L.). — Sociologie et politique. 1898. 1 volume in-8 (xii). . . . .   6 fr. »

SIGHÈLE (Scipio). — Psychologie des sectes. 1898. 1 vol. in-8 (xiii) . . . .   5 fr. »

TARDE (G.). — Études de psychologie sociale. 1898. Un volume in-8 (xiv) . . . .   7 fr. »

KOVALEWSKY (M.). — Le régime économique de la Russie. 1898. 1 vol. in-8 (xv). . . . .   7 fr. »

STARCKE (C.). — La famille dans les diverses sociétés. 1899. 1 vol. in-8 (xvi) . . . .   5 fr. »

LA GRASSERIE (Raoul de). — Des religions comparées au point de vue sociologique. 1899. 1 vol. in-8 (xvii).   7 fr. »

BALDWIN (J.-M.). — Interprétation sociale et morale des principes du développement mental. 1899. 1 vol. in-8 (xviii) . . . .   10 fr. »

DUPRAT (G.-L.). — Science sociale et démocratie. 1900. 1 volume in-8 (xix). . . . .   6 fr. »

LAPLAIGNE (H.). — La morale d'un égoïste ; essai de morale sociale. 1 vol. in-8 (xx). . . . .   5 fr. »

LOURBET (Jacques). — Le problème des sexes. 1900. Un volume in-8 (xxi) . . . .   5 fr. »

BOMBARD (E.). — La marche de l'humanité et les grands hommes d'après la doctrine positive. 1900. 1 vol. in-8 (xxii) . . . .   6 fr. »

LA GRASSERIE (Raoul de). — Les principes sociologiques de la criminologie. 1901. 1 vol. in-8 (xxiii) . .   8 fr. »

POUZOL (Abel). — **La recherche de la paternité.** 1902. 1 volume in-8 (xxiv) . . . . 10 fr. »

BAUER (A.). — **Les classes sociales.** 1902. 1 volume in-8. (xxv) . . . . 7 fr. »

LETOURNEAU (Ch.) — **La condition de la femme dans les diverses races et civilisations.** 1903. 1 vol. in-8 (xxvi) 9 fr. »

WORMS (René). — **Philosophie des sciences sociales.** 3 vol. in-8 :

    Tome I. Objet des sciences sociales. 1903. 1 vol. (xxvii) 4 fr. »
    Tome II. Méthode des sciences sociales. 1903. 1 vol. (xxviii) . . . . 4 fr.
    Tome III. Conclusion des sciences sociales. 1907. 1 vol. (xxix) . . . . 4 fr. »

RIGNANO (E.). — **Un socialisme en harmonie avec la doctrine économique libérale.** 1904. 1 vol. in-8 (xxx). 7 fr. »

NICEFORO (A.). — **Les classes pauvres.** Recherches anthropologiques et sociales. 1905. 1 vol. in-8 (xxxi). . . . . . 8 fr. »

LESTER-WARD (F.). — **Sociologie pure.** 1906. 2 vol. in-8 (xxxii-iii) . . . . 16 fr. »

LA GRASSERIE (R. de). — **Les principes sociologiques du droit civil.** 1906. 1 vol. in-8 (xxxiv). . . . . 10 fr. »

CAIRD (Edw.). — **Philosophie sociale et religion d'Auguste Comte.** 1907. 1 vol. in-8 (xxxv). . . . . . 4 fr. »

BAUER (A.). — **Essai sur les révolutions.** 1908. 1 vol. in-8 (xxxvi). . . . . 6 fr. »

SIGHÈLE (S.). — **Littérature et criminalité.** 1908. 1 vol. in-8 (xxxvii) . . . . 4 fr. »

LACOMBE (P.). — **Taine historien et sociologue.** 1909. Un volume in-8 (xxxviii) . . . . 5 fr. »

KOVALEWSKY (M.). — **La France économique et sociale à la veille de la Révolution :**

    Les Campagnes. 1909. 1 vol. in-8 (xxxix) . . . 8 fr. »
    Les Villes. 1911. 1 vol. in-8 (xl) . . . . . . 7 fr. »

STEIN. — **Le sens de l'existence.** 1909. 1 v. in-8 (xli). 12 fr. »

MAUNIER (R.). — **L'origine et la fonction économique des Villes.** 1910. 1 vol. in-8 (xlii) . . . . 6 fr. »

BOCHARD (A.). — **L'évolution de la fortune de l'Etat.** 1910. 1 vol. in-8 (xliii) . . . . 6 fr. »

SIGHÈLE (S.).—**Le crime à deux.** 1909. 1 v. in-8 (xliv) 4 fr. »

CORNEJO. — **Sociologie générale.** 1911. 2 volumes in-8 (xlv-xlvi). . . . . 20 fr. »

LA GRASSERIE (R. de). — **Les principes sociologiques du droit public.** 1 vol. in-8 (xlvii) . . . . 10 fr. »

COMTE (A.). — **Système de politique positive ou traité de Sociologie d'Auguste Comte.** Condensé par Christian Cherfils. 1912. 1 vol. in-8 (xlviii). . . . . 12 fr. »

SÉRIE IN-18 (*volumes brochés*) :

WORMS (René). — Principes biologiques de l'évolution sociale. 1910. 1 vol. in-18 (A) . . . . 2 fr. »

BALDWIN (J.-Mark). — Psychologie et Sociologie. 1 vol. in-18 (B) . . . . 2 fr. »

MAUNIER (R.). — L'économie politique et la sociologie. 1910. 1 vol in-8 (D) . . . . 2 fr. 50

OSTWALD (W.). — Les Fondements energétiques de la Science et de la Civilisation. 1910. 1 vol. in-18 (E). 2 fr. »

BIBLIOTHÈQUE INTERNATIONALE
DE SCIENCE ET DE LÉGISLATION FINANCIÈRES

Honorée de souscriptions du Ministère de l'Instruction publique

DIRECTION DE **Gaston Jèze**

SELIGMAN (Edw. R.-A.). — L'impôt progressif en théorie et en pratique. Edition française revue et augmentée par l'auteur. Traduction de A. Marcaggi. 1909. 1 vol. in-8 : broché, 10 fr.; relié . . . . 11 fr. »

WAGNER (Ad.). *professeur à l'Université de Berlin.* — Traité de la Science des finances. Traduction de M. Vouters. 2 vol. :

> Première partie : Théories générales. Le Budget. Les Besoins financiers. Les Recettes d'Economie privée. 1909. 1 vol. in-8 : br. 15 fr., relié toile . . . . 16 fr. »

> Deuxième partie : Théorie de l'Imposition. Théorie des taxes et Théorie générale des impôts. Traduction de Jules Ronjat. 1909. 1 vol. in-8 : br., 15 fr.; relié. 16 fr. »

MYRBACH-RHEINFELD (Baron Fr. Von), *professeur à l'Université d'Innsbruck.* — Précis de droit financier. Traduction française de Bouché-Leclercq. 1910. 1 fort vol. in-8 : broché, 15 fr ; relié toile . . . . 16 fr. »

SELIGMAN (Edw. R.-A.). — Théorie de la Répercussion et de l'Incidence de l'Impôt. Edition française d'après la 3e édition américaine. Traduction par Louis Suret. 1910. 1 vol. in-8 : broché, 15 fr. : relié toile . . . . 16 fr. »

ÉTUDES ÉCONOMIQUES ET SOCIALES

Honorées de souscriptions du Ministère de l'Instruction publique

PUBLIÉES AVEC LE CONCOURS DU COLLÉGE LIBRE DES SCIENCES SOCIALES

> I. — **FARJENEL (F.).** — La morale chinoise. Fondement des sociétés d'Extrême-Orient. 1906. 1 vol. in-8, broché, 5 fr.; relié toile. . . . . 6 fr. »

II. — **MARIE (D' A.). — Mysticisme et folie.** (Etude de psychologie normale et de pathologie comparées. 1907. 1 vol. in-8, broché, 6 fr.; relié toile. . . . . 7 fr. »

III. — **LEROY (M.). — La transformation de la puissance publique.** Les syndicats de fonctionnaires. 1907. 1 vol. in-8, broché, 5 fr.; relié toile. . . . . . . 6 fr. »

IV. — **BONNET (H.).—Paris qui souffre La misère à Paris.** Les agents de l'assistance à domicile. Avec une préface de M. Ch. Benoist. 1908. 1 vol. in-8, broché, 5 fr.; relié toile. . . . . 6 fr. »

V. — **SICARD DE PLAUZOLES (D').— La fonction sexuelle.** 1908. 1 vol. in-8, broché, 6 fr.; relié . . . . 7 fr. »

VI. — **LEROY (M.). — La loi.** Essai sur la théorie de l'autorité dans la démocratie. 1908. 1 v. in-8, br., 6 fr.; relié 7 fr. »

VII. — **RECLUS (Elie).— Les croyances populaires.** La Survie des Ombres. Avec avant-propos, par Maurice Vernes. 1908. 1 vol. broché, 5 fr.; relié toile . . . . . . 6 fr. »

VIII. — **RYAN (G.-A.). — Salaire et droit à l'existence,** traduction de L. Collin. 1909. 1 volume in-8, broché, 8 fr.; relié. . . . . 9 fr. »

IX. — **SERRIGNY.— Conséquences économiques et sociales** de la prochaine guerre avec préface de Frédéric Passy. 1909. 1 vol. in-8, broché, 10 fr.; relié. . . . 11 fr. »

X. — **BRUN (Ch.). — Le Roman social en France au XIXᵉ** siècle. 1910. 1 vol. in-8, broché, 6 fr.; relié . 7 fr. »

XI. — **REGNAULT (D' F.). — La genèse des miracles.** 1910. 1 vol. in-8, broché, 6 fr.; relié . . . . . . 7 fr. »

XIbis.— **VERNES (M.).—Histoire sociale des Religions.** I. Les Religions occidentales. 1911. 1 vol. in-8, broché, 10 fr.; relié. . . . . 11 fr. »

XII. — **MÉTHODES JURIDIQUES (Les). —** Leçons faites par MM. Berthélemy, Garçon, Larnaude, Pillet, Tissier, Thaller, Truchy et Gény. Préface de P. Deschanel. 1911. 1 vol. in-8, broché, 5 fr.; relié . . . . 6 fr. »

XIII. — **OLPHE-GAILLARD. — L'organisation des forces ou-** vrières. Avec préface de P. de Rousiers. 1911. 1 vol. in-8, broché, 8 fr.; relié . . . . 9 fr. »

SERIE IN-18 :

ATGER (F.). — La crise viticole et la viticulture méridionale. (1900-1907). 1907. 1 v. in-18, br., 2 fr.; relié toile 2 fr. 50

SOUS PRESSE :

AMBROSIO (D'). — La Passivité économique. 1 vol. in-8.
ŒUVRE SOCIALE (L') de la Troisième République. 1 vol. in-8.

BIBLIOTHÈQUE SOCIALISTE INTERNATIONALE
PUBLIÉE SOUS LA DIRECTION DE Alfred Bonnet

SERIE IN-18 :

I. — **DEVILLE (G.).** — **Principes socialistes.** 1898. 2ᵉ édition.
1 volume in-18 . . . . 3 fr. 50

II. — **MARX (Karl).** — **Misère de la philosophie.** Réponse à
la philosophie de la misère de M. Proudhon. 1908. Nouvelle
édit. 1 vol. in-18 . . . . 3 fr. 50

III. — **LABRIOLA (Antonio).** — **Essais sur la conception matérialiste de l'histoire.** 2ᵉ édition 1902. 1 volume
in-18. . . . . 3 fr. 50

IV. — **DESTRÉE (J.) et VANDERVELDE (E.).** — **Le socialisme
en Belgique.** 2ᵉ édit. 1903. 1 vol. in-18 . . 3 fr. 50

V. — **LABRIOLA (Antonio).** — **Socialisme et philosophie.**
1899. 1 vol. in-8 . . . . 2 fr. 50

VI. — **MARX (Karl).** — **Révolution et contre-révolution en
Allemagne.** Traduit par Laura Lafargue. 1900. 1 volume
in-18. . . . . 2 fr. 50

VII. — **GATTI (G.).** — **Le socialisme et l'agriculture.** Préface
de G. Sorel. 1901. 1 vol. in-18 . . . . . . 3 fr. 50

VIII. — **LASSALLE (F.).** — **Discours et pamphlets.** 1903. 1 vol.
in-18. . . . . 3 fr. 50

IX. — **LASSALLE (F.).** — **Capital et travail.** 1904. 1 volume
in-18. . . . . 3 fr. 50

X. — **LAFARGUE (P.).** — **Le déterminisme économique de
Karl Marx.** 1909. 1 vol. in-18 . . . . 4 fr. »

XI. — **MARX (Karl).** — **Critique de l'économie politique,**
traduction Laura Lafargue. 1909. 1 vol. in-18 . 3 fr. 50

XII. — **TARBOURIECH (E.).** — **Essai sur la propriété.** 1905.
Un volume in-18 . . . . 3 fr. 50

XIII. — **BERTHOD (A.).** — **P.-J. Proudhon et la propriété.**
1910. 1 volume in-18 . . . . 3 fr. »

SÉRIE IN-8 :

I. — **WEBB (Béatrix et Sydney).** — **Histoire du trade-
unionisme.** 1897. Traduit par Albert Métin. 1 volume
in-8. . . . . 10 fr. »

II. — **KAUTSKY (Karl).** — **La question agraire.** Etude sur
les tendances de l'agriculture moderne. Traduit par
Edgard Milhaud et Camille Polack. 1 vol. in-8. 8 fr. »

III. — **MARX (Karl).** — **Le capital.** Traduit à l'Institut des
sciences sociales de Bruxelles, par J. Borchardt et H. Van-
derrydt :

IV. — Livre II. — Le procès de circulation du capital. 1900.
1 vol. in-8 . . . . 10 fr. »

IV-V. — Livre III. — Le processus d'ensemble de la production capitaliste. 1901-1902, 2 vol. in-8 . . . 20 fr. »

VI. — KAUTSKY (K.). — La politique agraire du parti socialiste. Trad. C. Polack. 1903. 1 vol. in-8. . . 4 fr. »

VII. — AUGÉ-LARIBÉ (M.). — Le problème agraire du socialisme. La viticulture industrielle du midi de la France. 1907. 1 vol. in-8 . . . . 6 fr. »

VIII. — ENGELS (F.). — Philosophie. Économie politique. Socialisme (Contre Eugène Duhring). 1911. 1 volume in-8 . . . . 10 fr. »

COLLECTION DES DOCTRINES POLITIQUES

PUBLIÉE SOUS LA DIRECTION DE A. Mater

II. — CHEVALIER, LEGENDRE et LABERTHONNIÈRE. — Le catholicisme et la société. 1907. 1 volume in-18, broché, 3 fr. 50 ; relié toile . . . . 4 fr. »

III. — SABATIER (C.). — Le morcellisme. Avec introduction, par M. Faure. 1907. 1 volume in-18, broché, 2 fr. ; relié toile . . . . 2 fr. 50

IV. — BOUGLÉ (G.). — Le solidarisme. 1907. 1 vol. in-18, broché, 3 fr. 50 ; relié toile . . . . 4 fr. »

V. — BUISSON (F.). — La politique radicale. 1908. 1 vol. in-18, broché, 4 fr. 50 ; relié . . . . 5 fr. »

VI. — AVRIL DE SAINTE CROIX (Mme). — Le féminisme. Préface de V. Marguerite. 1907. 1 vol. in-18, br., 2 fr. 50 ; relié toile . . . . 3 fr. »

VII. — GUYOT (Yves). — La démocratie individualiste. 1907, 1 vol. in-18, broché, 3 fr. ; relié toile . . . 3 fr. 50

IX. — LAGARDELLE (H). — Le socialisme ouvrier. 1911. 1 vol. in-18, broché, 4 fr. 50 ; relié toile . . 5 fr. »

X. — VANDERVELDE (E). — Le socialisme agraire. 1908. 1 vol. in-18, broché, 5 fr. ; relié toile. . . . 5 fr. 50

XI. — HERVÉ (G.). — L'internationalisme. 1910. 1 vol. in-18, broché, 2 fr. 50 ; relié toile . . . . 3 fr. »

XIV. — MATER (André). — Le socialisme conservateur ou municipal. 1909. 1 volume in-18, broché, 6 fr. ; relié toile . . . . 6 fr. 50

XVI. — FOURNIÈRE (Eug). — La Sociocratie. (Essai de politique positive). 1910. 1 vol. in-18, broché, 2 fr. 50 ; relié toile . . . . 3 fr. »

XVII. — **MAYBON (A.).** — **La politique chinoise.** Etude sur les doctrines des partis en Chine. 1907. 1 vol. in-18, broché, 4 fr. ; rel. toile . . . . 4 fr. 50

SOUS PRESSE :

A. LEBEY. — **Le Maçonnisme.** 1 vol. in-18.

BIBLIOTHÈQUE PACIFISTE INTERNATIONALE

Honorée de la souscription des Ministères de l'Instruction publique et du Commerce

PUBLIÉE SOUS LA DIRECTION DE **Stéfane-Pol**

Ont paru :

BEAUQUIER (Ch.) Ed. GIRETTI et STÉFANE-POL. — **France et Italie**, avec préface de M. Berthelot *de l'Institut*. 1904. 1 vol. in-18 . . . . 1 fr. »

DUMAS (J.). — **La colonisation** (Essai de doctrine pacifiste), avec préface de Ch. Gide. 1904. 1 vol. in-18 . 1 fr. 25

ESTOURNELLES DE CONSTANT (D'). — **France et Angleterre**. 1904. 1 vol. in-18 . . . . 1 fr. »

FINOT (J.). — **Français et Anglais devant l'anarchie européenne.** 1904. 1 vol. in-18 . . . . 1 fr. »

FOLLIN (H.). — **La marche vers la paix.** 1903. 1 volume in-18 . . . . 0 fr. 75

FONTANES (E.). — **La guerre**, avec préface de F. Passy. 1904. Un volume in-18. . . . . 0 fr. 50

JACOBSON (J.-A.). — **Le premier grand procès international de la Haye** (notes d'un témoin). 1904. 1 volume in-18 . . . . 0 fr. 50

LAFARGUE (A.). — **L'orientation humaine.** 1904. 1 volume in-18 . . . . 1 fr. »

LA GRASSERIE (R. de). — **De l'ensemble des moyens de la solution pacifiste.** 1905. 1 vol. in-18 . . . . . . 1 fr. »

MESSIMY. — **La paix armée.** (La France peut en alléger le poids). 1903. 1 vol. in-18 . . . . 0 fr. 75

MOCH (G.). — **Vers la fédération d'Occident. Désarmons les Alpes.** 1905. 1 vol. in-18, avec 6 graphiques . . 0 fr. 50

NATTAN-LARRIER. — **Les menaces des guerres futures.** 1904. 1 vol. in-18. . . . . 1 fr. »

NOVICOW (J.). — **La possibilité du bonheur.** 1904. 1 volume in-18 . . . . 2 fr. »

PASSY (Fr.). — Historique du mouvement de la paix. 1904.
1 vol. in-18 . . . . , 0 fr. 75

PRUDHOMMEAUX (J.). — Coopération et pacification. 1904.
1 vol. in-18 . . . . 1 fr. »

RICHET (Ch.). — Fables et récits pacifiques, avec une préface de Sully-Prudhomme. 1904. 1 vol. in-18 . . . . . 1 fr. »

RUYSSEN (Th.). — La philosophie de la paix. 1904. 1 volume
in-18 . . . . 0 fs. 75

SÉVERINE. — A Sainte-Hélène, pièce en 2 actes. 1904. 1 volume
in-18 . . . . 1 fr. »

SPALIKOWSKI (Ed.). — Mortalité et paix armée, avec une
préface de C. Flammarion. 1904. 1 vol. in-18. . . . . 0 fr. 50

STÉFANE-POL. — L'esprit militaire. (Histoire sentimentale).
1904. 1 vol. in-18. 2 fr. »

STÉFANE-POL. — Vers l'avenir. Histoire dramatique. 1903. Un
volume in-18 . . . . 1 fr. »

STÉFANE-POL. — Les deux évangiles. Considérations sur la
peine de mort, le duel, la guerre, etc. 1903. 1 v. in-18. 0 fr. 50

SUTTNER (Bhe de). — Souvenirs de guerre. 1904. 1 volume
in-18 . . . . 0 fr. 50

ENCYCLOPÉDIE INTERNATIONALE
D'ASSISTANCE, DE PRÉVOYANCE, D'HYGIÈNE SOCIALE
ET DE DÉMOGRAPHIE

Honorée de souscriptions du Ministère de l'Instruction publique

PUBLIÉE SOUS LA DIRECTION DU **Dr A. Marie**

ASSISTANCE :

I. — MARIE (Dr) et (R.) MEUNIER. — Les Vagabonds, avec
un avant-propos, par Henry Maret. 1908. 1 vol. in-18, relié
toile . . . . 4 fr. »

II. — MARIE (Dr) et DECANTE (R.). — Les accidents du travail. Etude critique des améliorations à apporter au régime
du risque professionnel en France. 1 volume in-18, relié
toile . . . . 4 fr. »

III. — BEAUFRETON (M.). — Assistance publique et Bienfaisance privée. 1911. 1 vol. in-18, relié toile. 4 fr. »

IV. — RODIET (Dr A.). — Les auxiliaires des médecins d'a-
sile (ouvrage couronné par l'Académie de médecine). 1910,
1 volume in-18, relié toile . . . . 3 fr. 50

V. — **LASVIGNES.** — **Essai d'assistance comparée.** 1911. 1 vol. in-18, relié toile . . . . 4 fr. »

PRÉVOYANCE :

I. — **SICARD DE PLAUZOLES (D**r**). — La maternité et la défense nationale contre la dépopulation.** 1909. 1 vol. in-18, relié toile. . . . . 4 fr. »

II. — **DECANTE (R.). — La lutte contre la prostitution.** Avec préface par H. Turot. 1909. 1 v. in-18, rel. toile. 4 fr. »

III. — **DUBIEF (D**r**). — L'apprentissage et l'enseignement technique.** 1 vol., relié toile . . . . 6 fr. »

IV. — **VIVIANI (R.),** *ministre du Travail.* — **Les retraites ouvrières et paysannes,** avec préface. 1910. 1 volume in-18, relié toile . . . . 6 fr. »

HYGIÈNE :

I. — **MARTIAL (D**r **R.). — Hygiène individuelle du travailleur.** Avec préface de M. le sénateur Strauss. 1907. 1 vol. in-18, relié toile . . . . 4 fr. »

II. — **MARIE (D**r **A.). — La Pellagre.** Avec une préface de M. le professeur Lombroso. 1908. 1 v. in-18, rel. toile. 4 fr. »

III. — **BERNARD (M.). — Pour protéger la santé publique.** Avec une préface du D**r** Fernand Dubief, *ancien ministre de l'Intérieur.* 1909. 1 vol. in-18, relié toile . . 4 fr. »

IV. — **BERNARD (M.). — L'hygiène publique obligatoire en France.** La lutte administrative contre le choléra et les autres maladies transmissibles, avec préface du D**r** A. Marie. 1910. 1 vol. in-18, relié toile. . . . . 4 fr. »

V. — **BRETON (J.-L.),** *député.* — **Le Plomb.** 1910. Un volume in-18, relié toile . . . . 4 fr. »

DÉMOGRAPHIE :

I. — **BRON (D**r **G.). — Les origines sociales de la maladie.** Avec préface du D**r** A. Marie. 1908. 1 vol . . . 3 fr. 50

II. — **WAHL (D**r**). — Le Crime devant la science.** 1910. 1 vol. in-18, relié toile . . . . 4 fr. »

III. — **ROECKEL (P.). — L'éducation sociale des races noires.** 1911. 1 vol. in-18, relié toile. . . . . 3 fr. 50

PETITE ENCYCLOPÉDIE
SOCIALE ÉCONOMIQUE ET FINANCIÈRE

I. — **Leçons d'économie politique,** par André Liesse, avec une préface de Courcelle-Seneuil, de l'Institut. 1 volume in-18, 1892. . . . . 3 fr. »

II. — **La Réforme des frais de justice**, par E. Manuel et R. Louis, docteurs en droit, 2e édition. 1 volume in-18, 1892 . . . . **3 fr. »**

III-V. — **Code manuel de droit industriel**, par M. Dufourmantelle. 3 v. in-18 :

III. — **Législation ouvrière en France et à l'Étranger.** 2e édit. 1 vol. in-18. 1893. . . . . **3 fr. »**

IV. — **Brevets d'invention, contrefaçon, etc.** 1 vol. in-18. 1893 . . . . **3 fr. »**

V. — **Dessins et marques de fabrique, nom commercial, concurrence déloyale, etc.** 1 v. in-18. 1894 **3 fr. »**

VI. — **Code manuel des électeurs et des éligibles avec formules**, par A. Maugras, avocat-publiciste, 2e édit. Un volume in-18. 1898. . . . . **3 fr. »**

VII. — **Législation générale des cultes protestants en France, en Algérie et dans les colonies**, par Penel-Beaufin. Un volume in-18. 1894 . . . . **3 fr. »**

VIII. — **Commentaire de la loi du 27 décembre 1892 sur la conciliation et l'arbitrage facultatifs**, par A. Lelong. Un volume in-12. 1894. . . . . **1 fr. 50**

IX. — **Législation générale du culte israélite en France, en Algérie et dans les colonies**, par Penel-Beaufin. 1 vol. in-18. 1894 . . . . **3 fr. »**

X. — **Code manuel du propriétaire-agriculteur**, par Daniel Zolla, professeur à l'Ecole nationale d'agriculture de Grignon, 2e édit. 1 vol. in-18. 1902 . . . . **3 fr. 50**

XI. — **Les questions ouvrières**, par Léon Milhaud. Un volume in-18. 1894. . . . . **2 fr. 50**

XII. — **Cours de droit professé dans les lycées de jeunes filles de Paris**, par Jeanne Chauvin, 2e édition. 1 vol. in-18, relié toile. 1908. . . . . **3 fr. 50**

XIII. — **Guide théorique et pratique, général et complet des Clercs de notaire et des aspirants au notariat**, par Jean Martin, notaire. 1 vol. in-18. 1895. **3 fr. »**

XIV. — **La question monétaire considérée dans ses rapports avec la condition sociale des divers pays et avec les crises économiques**, par Léon Poinsard. 1 volume in-18. 1895 . . . . **3 fr. »**

— **Les budgets français. Etude analytique et pratique de législation financière**, par MM. P. Bidoire et A. Simonin. 3 volumes :

XV. — **Projet de budget 1895.** 1 v. in-18. 1895. **3 fr. »**

XVI. — **Budget de 1895 et Projet de budget de 1896.** 1 vol. in-18. 1896 . . . . **3 fr. »**

XXII. — **Budget de 1896 et Projet de budget de 1897.** 1 vol. in-18. 1897 . . . . **3 fr. »**

XVII. — **La saisie-arrêt sur les salaires et petits traite-**

ments. 2e édition revue et augmentée par V. Enion. 1 vol. in-18. 1896. . . . .   3 fr. »

XVIII. — La question sanitaire, dans ses rapports avec les intérêts et les droits de l'individu et de la société, par le Dr J. Pioger. Un vol. in-18. 1895 . . . . .   3 fr. »

XIX. — Les banques d'émission, par G. François. 1896. 1 vol. in-18. . . . .   3 fr. »

XX. — La science et l'art en économie politique, par René Worms. 1 vol. in-18. 1896 . . . .   2 fr. »

XXI. — Code de l'abordage, par Robert Frémont. 1 volume in-18. 1897 . . . .   3 fr. »

XXIII. — L'éducation nationale, par Maurice Wolff. 1 volume in-18. 1897. . . . .   3 fr. »

XXIV. — Mélanges féministes, par L. Bridel. 1 volume in-18. 1897 . . . .   3 fr. »

XXV. — La justice gratuite et rapide par l'arbitrage amiable, par A. Charmolu, 2e édit. 1 v. in-18. 1902.   1 fr. »

XXVI. — Petit manuel pratique du Juré d'assises, par J. Porcer. 1 vol. in-18. 1898 . . . .   2 fr. »

XXVII. — Finances communales, par R. Acollas. 1 vol. in-18. 1898 . . . .   3 fr. »

XXVIII. — Esquisse d'un tableau raisonné des causes de la production, de la circulation, de la distribution et de la consommation de la richesse, par M. Tessonneau. 1 vol. in-18. 1898 . . . .   2 fr. »

XXIX. — Code manuel du chasseur, par G. Lecouffe, 3e édition. 1 vol. in-18. 1909 . . . .   2 fr. »

XXX. — Code manuel du pêcheur, par G. Lecouffe, 2e édition. 1 vol. in-18. 1900 . . . .   1 fr. »

XXXI. — Manuel pratique des sociétés de commerce et par actions. Participations coopératives. Syndicats professionnels. Sociétés de Secours mutuels. Associations et Congrégations, par A. Lambert. 1 v. in-18. 1902.   1 fr. 50

XXXII. — Manuel de la propriété industrielle et commerciale, par A. Lambert. 1 vol. in-18. 1903. .   3 fr. »

XXXIII. — Etudes d'économie et de législation rurales, par R. Worms. 1 vol. in-18. 1906 . . . . . .   4 fr. »

XXXIV — Code manuel du cycliste, par G. Lecouffe. 1 vol. in-18. 1909 . . . .   2 fr. »

PÉRIODIQUES

REVUE DU DROIT PUBLIC ET DE LA SCIENCE POLITIQUE EN FRANCE ET A L'ÉTRANGER

FONDÉE PAR F. Larnaude

PUBLIÉE SOUS LA DIRECTION DE M. Gaston Jèze

Avec la collaboration des plus éminents professeurs des Universités de France, Allemagne, Angleterre, Autriche-Hongrie, Australie, Belgique, Canada, Chili, Danemark, Espagne, Etats-Unis, Grèce, Hollande, Italie, Japon, Norvège, Portugal, Roumanie, Russie, Suède, Suisse, Turquie.

Paraît tous les trois mois depuis 1894, par fascicule de plus de 200 pages gr. in-8. Chaque année forme un très fort volume. Prix. .   20 fr. »

Abonnement annuel : France : 20 fr. Etranger : 22 fr. 50.

Le numéro . . . .   5 fr. »

===

REVUE DE SCIENCE ET DE LÉGISLATION FINANCIÈRES

PUBLIÉE SOUS LE PATRONAGE DE

MM. Casimir Périer, Ribot, Stourm, Berthélemy, Chavegrin, Esmein et Hauriou

ET SOUS LA DIRECTION DE M. Gaston Jèze

Avec la collaboration des membres les plus éminents du Conseil d'Etat, de la Cour des comptes, de l'Inspection des finances, des Professeurs des Universités de France, Allemagne, Australie, Belgique, Etats-Unis, Grèce, Italie, Roumanie, Suisse.

Paraît tous les trois mois depuis 1903, par fascicule de près de 200 pages gr. in-8. Chaque année forme un très fort volume. Prix .   18 fr. »

Abonnement annuel : France : 18 fr. Etranger : 20 fr.

Le numéro . . . .   5 fr. »

www.ingramcontent.com/pod-product-compliance
Ingram Content Group UK Ltd.
Pitfield, Milton Keynes, MK11 3LW, UK
UKHW020833120726
13693UKWH00002B/630